한국의아키타

기적의
분포초

# 한국의 아키타, 기적의 분포초
## (교과부 지정 자기주도학습 최우수학교)

글 ㅣ 정철희

2012년 6월 30일 1판 1쇄 발행
2012년 8월 15일 1판 2쇄 발행

**이 책을 만든 사람들**
책임 기획 ㅣ 김경아

**이 책을 함께 만든 사람들**
디자인 ㅣ 김효정 님
교정 ㅣ 안종군 님(미래채널)
종이 ㅣ 제이피씨 정동수 님
출력 ㅣ 알래스카 커뮤니케이션 박영철 님, 장준우 님
인쇄 및 제작 ㅣ 태성인쇄사 김태철, 김태현 님

펴낸이 ㅣ 김경아
펴낸곳 ㅣ 행복한나무
출판등록 ㅣ 2007년 3월 7일. 제 2007-5호
주소 ㅣ 서울시 마포구 서교동 394-25 동양트레벨 1303호
전화 ㅣ 02) 322-3856
팩스 ㅣ 02) 322-3857
홈페이지 ㅣ www.ihappytree.com
문의(출판사 e-mail) ㅣ book@ihappytree.com
문의(지은이 e-mail) ㅣ jwcch@naver.com
※ 이 책을 읽다가 궁금한 점이 있을 때는 지은이 e-mail을 이용해주세요.

ⓒ 정철희, 2012
ISBN 978-89-93460-29-2
행복한나무 도서번호 : 043

# 한국의아키타

# 기적의
# 분포초

정철희 지음

교과부 지정
자기주도학습
최우수학교

66 사교육 참여율 97.4%였던 부산의 분포초등학교는 사교육비 지출이 전
국 최상위를 기록했다. 그러나 2011년, 자기주도학습을 시작한지 불과
1년 만에 교과부로부터 '2011년 한국 자기주도학습 벤치마킹 학교'로
지정되었으며, 국가수준 학력평가 전국 최상위라는 성과를 이뤄냈다. 99

# 2011학년도
# 국가수준 학력평가 전국 최상위

## 자기주도학습 부문 전국 벤치마킹 우수 학교
### 교육과학기술부, 2011년 6월

## 학생 1인당 자기주도학습 시간이 가장 많은 학교
### 부산광역시교육청 조사, 2011년 5월

## 학력 향상 우수 학교
### 부산광역시 남부교육지원청 선정, 2011년 5월

## 사교육비 절감율 44.3% 달성
### 한국교육개발원 조사 결과, 2011년 6월

## 아이패드 기반 스마트러닝 시범 운영 학교
### 부산광역시교육청 지정, 2011년 8월

## 알아두기

이 책은 부산 분포초등학교(이하 분포초)에서 운영하는 자기주도학습 프로그램에 관한 성공 사례 보고서이다. 이 책을 읽기에 앞서 미리 알아 두면 좋은 분포초 SL의 내용은 다음과 같다.

SL은 자기주도학습, 즉 Self-directed Learning의 약자이다. 분포초에서 운영하는 자기주도학습과 관련된 모든 과정을 통틀어 'SL'이라고 부른다. 분포초에서는 SL(자기주도학습)과 SLM(자기주도학습 협약)을 같은 의미의 용어로 사용하고 있다.

분포초 SL은 크게 3단계로 진행된다.

### 1단계 : SLM이란?

SLM(Self Learning Manifesto)이란, SL 참여 학생의 학습 동기를 강화하기 위해 학생, 학부모, 교사가 사교육 중단 시간과 기간, 보상 등을 구체적으로 협약한 후 협약서를 작성하는 것을 말한다. 학교 강당에서 SL을 신청한 학생, 학부모, 선생님들이 참여하여 성대한 협약 선포식을 갖는다.

## 2단계 : 가이던스쿨이란?

가이던스쿨(Guidance-School)이란, 자기주도학습 방법을 학습하는 5일간의 특별 수업을 말한다. 가이던스쿨에서는 나의 꿈 찾기, 시간 관리 기술, 오답 노트 작성법, 플래너 작성 요령, 교과서로 공부하기 등 스스로 공부하는 구체적인 방법을 하나하나 체계적으로 지도한다.

## 3단계 : SL 교실이란?

SL 교실이란, 학교 수업을 마치고 SL 교실에서 실제 SL을 실행하는 것을 말한다.

# 아이들이 달라지고 있다

"자기주도학습의 습관 형성을 지원하는 교육과정 운영을 통해 사교육비 절감, 학력 향상, 학생과 학부모의 교육 만족도 상승과 더불어 공교육의 신뢰를 회복할 수 있는 실마리를 찾은 것 같다."

지난 해 5월, 남부교육지원청에서 주최하는 학교장 역량 강화 워크숍에서 공개한 분포초등학교의 학력 향상 사례를 들으면서 평소에 생각해오던 학교 운영의 방향과 일치한다는 것을 알고, 벤치마킹 연수를 위해 전 직원과 함께 분포초등학교를 방문하였다.

자신의 꿈을 이루기 위해 학습의 주체가 되어 밝고 활기차게 움직이는 분포초의 아이들을 키워낸 프로그램을 벤치마킹하여 '초량형 자기주도학습'을 만들어 보겠다는 생각으로 맞춤식 수업과 가이던스 쿨, SLM 및 자율동아리 활동을 위한 기반을 조성한 끝에 금년 3월부터 교육과학기술부(이하 교과부) 지정 사교육절감형 창의경영학교를 운영하게 되었다.

분포초에 비해 학부모의 사회·경제적 형편이 열악하고, 다문화 가정의 아이들이 섞여 있는 우리 학교에서는 기초·기본 학습력 증진에 초점을 둔 맞춤 수업을 전개하고, 자기주도학습의 방법을 안내하는 가이던스쿨 프로그램의 내용을 상세히 지도하기 위하여 운영 시간을 늘리는 등 '초량형 자기주도학습'을 전개하고 있다.

불과 1~2개월밖에 지나지 않았는데도 아이들의 행동이 하루하루 달라지고 있다. 스스로 공부하는 것에 대한 자부심 때문인지 얼굴 표정부터 달라지고 있다. 수업뿐만 아니라 모든 학교생활에도 적극적이다. 자신감이 생기고, 학교가 재미있다고 한다. 아이들이 변하자 학부모도 변하기 시작했다. 학교에 대한 학부모의 시선이 긍정적으로 바뀌면서 학교 교육에 무엇인가 도움을 주기 위해 애쓰는 모습이 보인다. 선생님들도 덩달아 신이 난다. 교육이 잘되지 않을 수 없다. 공교육이 신뢰를 받기 시작하자 학교장으로서도 학교 경영에 자신감이 생긴다.

초량형 자기주도학습의 정착을 위해 모든 지원을 아끼지 말아야 하겠다는 책무감과 의지가 강하게 느껴진다. 좋은 본보기이자 길잡이의 역할을 해준 분포초에 다시 한 번 감사의 인사를 전한다.

부산 초량초등학교 교장

윤상복

# 자기주도학습,
# 오히려 **초등학생이** 더 잘해요

우리 학교가 '학력 향상형 창의경영학교'로 지정되었다. 학생이 학교에 오는 이유는 공부를 하기 위해서이고, 공부를 하는 이상 학력은 언제나 화두가 된다. 그렇다보니 교육청, 교사, 학부모 모두 학력 향상에 몰두하는 것은 당연하다.

그러나 학력은 짧은 시간에 향상되는 것이 아니다. 어떻게 하면 학력을 높일 수 있을까? 여러 사람들이 머리를 맞대고 고민을 하였지만 뚜렷한 답이 나오지 않았다. 실제로 학력이 많이 향상된 학교들의 사례를 분석하기도 했다. 그러던 중 분포초의 '가이던스쿨'이라는 아주 특별한 프로젝트를 접하고, '아! 아이들에게 스스로 공부하는 방법을 익히게 해야 하는 것이로구나!'라는 데에 초점이 모아졌다. 우리는 분포초에서 실시하고 있는 자기주도학습 프로젝트를 벤치마킹하여 '학력캠프'라고 명명하고 학력 향상에 도전하였다.

먼저 분포초 선생님을 강사로 모셔 학생 및 학부모를 대상으로 '자기주도학습의 이해'를 주제로 3일 캠프(야간)를 실시하였는데, 예상 밖의 뜨거운 호응을 받았으며, 내리초 가족들에겐 '우리 아이들에게 무엇을 어떻게 가르쳐야 하는가'를 알려주었다. 무엇보다 공부에 대한 자신감을 갖게 된 소중한 계기가 되었다.

자기주도학습에 대한 원리나 당위성은 오래전부터 많은 교육학자들에 의해 논의되어 왔지만 실제로 학교 현장이나 학부모들이 적용할 수 있는 프로그램이 제시되지 않아 실효를 거두지 못하고 있었다.

분포초에서 창안한 초등학생을 위한 자기주도학습 프로그램은 교육 현장의 교사, 학부모, 학생들이 쉽게 이해하고 실천할 수 있도록 구성되어 있다.

대부분의 사람들이 초등학생은 스스로 학습할 수 있는 능력이 부족하여 남이 가르쳐야 된다고 생각하고 있다.

그렇지만 분포초에서 제시한 학습 동기 강화, 자신을 스스로 통제하며 관리하는 방법, 교과별 학습 방법 등의 자기주도학습 방법을 익히면 타성에 길들여진 중·고등학생들보다 오히려 초등학생들이 스스로 공부하는 능력이 뛰어남을 알게 되며, 특히 독창적인 학습법을 터득하게 되어 공부에 재미를 갖게 되고, 아울러 학력이 향상되는 것을 목격하게 된다. 더욱이 학습정보가 홍수처럼 쏟아지고 있는 현대사회에서는 다양한 정보를 효율적으로 활용하여 자기 것으로 만들면서 독창성을 기르는 것이 현실적으로도 필요한 평생교육의 올바른 방법이 아닐까?

자기주도학습 프로젝트의 적용으로 최상위 학력의 분포초뿐만 아니라 1년 가까이 적용한 우리 학교 아이들의 학력도 현저히 향상되고 있다.

국가수준 학력평가 결과 보통 이상이 지난해 66.6%이었는데 지금은 85.7%로 19.1%나 향상되었다. 자기주도학습은 단시일에 학력이 향상되는 것이 아닌데도 높은 학력 향상이 나타나는 것은 학생 스스로 공부에 대한 자신감과 재미를 느끼는 데 더 큰 원인이 있는 것으로 생각된다.

초등학교 단계에서 올바른 학습법(자기주도학습법)을 가르치고 있다는 것에 대해 교원으로서 보람과 긍지를 느낀다. 일선 학교뿐만 아니라 학부모들이 분포초의 자기주도학습을 바르게 이해하고 적용하여 훗날 떳떳한 교사, 부모가 되기를 기대해본다.

부산 내리초등학교 교감
김명희

# 대전의 분포초를 꿈꾼다

사교육절감형 창의경영학교 1년차 마지막 무렵, 학교 자체적으로 평가한 1차년도 사업성과는 그리 좋지 않았다. 우리 학교는 지역 내 다른 학교들과 비슷한 운영 방법에 따라 방과 후 교육에 중심을 두고 사교육을 절감하려고 하였는데, 2011년 3월 새 학기에 접어들어 지난 겨울보다 참여율이 많이 감소하는 상황에 직면하게 되었다.

이에 위기의식을 갖고 학부모 수요조사 결과를 적극 반영하여 주 2회 실시하던 방과 후 수업을 주 4회로 늘리고, 전 교사가 모두 방과 후 교육 부서를 하나 이상씩 개설하는 등의 노력을 하였다. 그러자 4월부터는 학생 참여율이 늘어나 복수 참여율이 106%나 되는 성과를 얻게 되었고, 선생님들의 고생 덕분에 위기를 넘겼다는 안도와 큰 성공을 거두었다는 자축의 분위기가 흐르고 있었다.

그러나 동년 6월 한국교육개발평가원의 사교육절감을 위한 학부모 설문 결과는 참담하였다. 학생, 학부모의 만족도는 평균 이상으로 상승하였지만 연구시범학교의 목표인 사교육비는 1차년도 목표치를 한참 달성하지 못하였다. 전 교사가 그렇게 열심히 노력했는데…….
무기력감에서 헤어나지 못하던 그때, 분포초의 우수 사례를 접하게 되었다. 우리 지역 중등 담당자들과 관리자들이 벤치마킹을 위해 적극 홍보를 해주었던 것이다.

분포초는 바쁜 학교 여건에도 불구하고 학교의 살아 있는 모습을 생생하게 견학할 수 있는 기회를 제공해주었다. 이후 우리 학교의 다른 교사들에게도 꼭 소개해주고 싶어 전 교직원이 다시 한 번 방문했을 때에도 많은 도움을 주었다.

분포초가 사교육절감형 창의경영학교로서 성공을 거둘 수 있었던 요인 중의 하나는 분포초에서 처음 시작한 가이던스쿨이라고 생각한다. 분포초는 같은 사업을 추진하는 많은 학교가 방과 후 프로그램을 학교로 끌어와 학원에 갈 시간을 막음으로써 사교육비를 줄여 보겠다는 발상에서 벗어나 진정으로 사교육비를 절감하기 위해서는 자기주도학습법을 학생들이 갖추어야 한다는 마인드를 갖고 있었다. 따라서, 우리는 이러한 자기주도학습 지도를 위해 교사, 학부모 역량 강화를 통한 의식 개선과 교사들의 적극적인 동참으로 자기주도학습을 위한 자료 개발과 지도까지 이 모든 것들을 벤치마킹하기 위해 노력하였다.

　이에 우리 학교는 2012년 3차년도 사교육절감형 창의경영학교를 성공적으로 운영하기 위하여 그동안 반응이 좋았던 프로그램들을 유지하되, 진정 우리 학생들에게 필요한 것은 자기주도학습 능력을 갖추는 것이라는 생각으로 학부모 역량 강화 연수를 계획하고 있다.

　학교의 우수 사례를 함께 공유해주신 분포초 모든 교직원들에게 다시 한 번 감사의 인사를 드린다.

대전 목상초등학교 연구학교 운영부장

김 해

# 아이들을 변화시킨
# 기적의 자기주도학습 프로그램

## 아이들은 스스로 공부하지 않는다?

대부분의 학부모들은 '우리 아이는 스스로 공부하지 않는다.'라고 단정 짓는다. 아이들은 과연 스스로 공부하지 않는 존재일까? 오히려 그 반대다. 아이들의 DNA 속에는 배움에 대한 강한 욕구가 잠재되어 있기 때문에 스스로 공부하고 싶어 한다. 부모가 스스로 공부할 수 있는 환경을 만들어 주지 않아서 스스로 공부할 줄 모르는 것뿐이다. "스스로 공부하고 싶은가?"라는 질문에 90% 이상의 아이들이 "그렇다"라고 대답했다. 하지만 무지한 부모를 만나 아이들은 '스스로'라는 개념이 없는 학원으로 내몰리고 있다. 과연 무한한 가능성을 지닌 아이들을 이렇게 키워도 되는 것인지 부모들에게 묻고 싶다. 아이를 학원으로 내모는 것 말고 무슨 대안이라도 있는가? 여기에 스스로 공부하는 아이들로 변화시킨 작은 기적의 증거가 있다.

## 사교육 97.4%, 최상위를 기록하다

불과 1년 전까지만 해도 분포초는 사교육 참여율이 97.4%, 사교육비 지출이 전국 최상위를 기록했다. 자기주도학습은 초등학교에서 체계적으로 이루어져 습관화되어야 함에도 부모들은 사교육에 열광하고, 자기주도학습을 불신했다. 심지어는 '사교육 없는 학교' 공모 신청에 반기를 들기까지 했다. 분포초 아이들은 당연히 스스로 공부할 줄 몰랐고, 스스로 공부하지 않았다. 대부분의 아이들은 밤늦은 시각까지 사교육을 받느라 체력이 저하되어 자기주도적인 생활을 하지 못했다. 남보다 더 많이 배우기 위해 수동적으로 배우기만 하고, 배운 것을 생각하면서 자기 것으로 만드는 시간은 거의 없었다. 학원 과제에 치여 하루하루를 지내던 아이들에게 기적적인 변화가 일어났다.

## 아이들에게 작은 기적이 일어났다

어떻게 스스로 공부해야 하는지 그 방법을 알려준 적이 없던 학교가, 교사가 드디어 바뀌었다. 아이들 스스로 자신의 꿈을 어떻게 설계할 것인지, 시간을 어떻게 관리할 것인지, 교과서로 스스로 공부하는 방법은 무엇인지, 독서를 어떻게 해 나갈 것인지 등을 배울 수 있는 가이던스쿨을 시작한 것이다. 작은 시도가 큰 변화를 일으켰다. 공부하는 방법을 알게 되면서 아이들이 놀랍게 변했다. 공부를 지겨워하던 아이들이 공부를 재미있어 하고, 공부에 대한 자신감이 없던 아이들에게 자신감이 생겼다. 아이들 스스로도 자신들의 변화에 놀라워했다. 이 책은 학교가 변하면 교사가 변하고, 교사가 변하면 아이들이 얼마나 놀랍게 변할 수 있는지, 그 무엇보다 부모가 변하면 아이들에게 어떤 작은 기적이 일어나는지 그 증거를 제시해준다.

## '스스로 공부'의 숨은 비밀을 밝히다

이 책은 교과부로부터 2011년 한국 자기주도학습 벤치마킹 학교로 지정된 한국의 아키타, 기적을 일으킨 분포초의 성공 사례 보고서이다. 분포초는 자기주도학습을 시작한 지 불과 1년 만에 놀라운 성과를 이뤄냈다. 2011년 8월, 교육인적자원부 사교육절감형 창의경영학교 자기주도학습 부문 전국 벤치마킹 대상학교 및 부산광역시 자기주도학습 컨설턴트 학교로 지정되었다. '무엇이 아이들을 스스로 공부하도록 변화시킨 것일까?' 아마도 독자들이 가장 궁금해 하는 질문일 것이다. 아이들을 변화시킨 기적의 솔루션이 과연 무엇이었는지를 밝히기 위해 필자는 SL6 프로젝트를 분석하였고, 기적의 솔루션은 바로 작은 습관의 변화에 있었다는 것을 알게 되었다. 분포초를 왜 한국의 아키타라 부르는가?

43년 전 일본 전국 꼴찌였던 아키타의 산골 아이들이 전국 학력평가에서 대도시를 제치고 연속 1위를 휩쓸었다. 그것도 모든 교과에서 1위를 했다. 아키타의 초등학교와 분포초는 서로 닮은꼴이다. 이 두 학교의 공통된 기적의 비밀은 스스로 공부하는 습관의 변화에 있었다. "집에서 학교 수업을 복습합니까?"라는 질문에 80%의 아키타 초등학생들이 "한다"라고 대답했다. 분포초 아이들도 스스로 공부를 주도해 나간다. '어떻게 하면 아이 스스로 공부하는 습관을 만들 수 있을까?' 아키타와 분포초를 들여다보면 그 답이 보인다.

## 그날 배운 것은 그날 복습하기

학습(學習)이란, 남에게서 배우는 '학(學)'과 배운 내용을 스스로 익히는 '습(習)'이 함께 이루어져야 하는데, 요즘 아이들은 배우는 '학'에 거의 전부를 투자하고 있다. 아키타의 아이들은 학원에 다니지 않지만 가정학습을 잘한다. 일찍 자고 일찍 일어나는 규칙적인 생활을 통해 집중력을 키우고, 독서를 통해 공부의 기초 체력을 키운다. 수업 시간에 자신의 생각을 적극적으로 말하며, 의견을 발표하고 교환하면서 활용 능력을 기른다. 분포초 아이들도 수업에 적극적이고, 복습을 잘하며, 평소 책 읽기를 좋아하고, 자신의 생각을 적극적으로 발표하고 의견을 교환한다. '배운 내용을 자기 것으로 만드는 자기주도학습은 초등학교 단계에서부터 체계적으로 이루어져야 한다.'는 분포초의 교육 철학이 그렇게 만든 것이다. 자기주도학습의 핵심은 배우는 것을 익히는 과정에 있다. 공부를 잘하고 못하는 것은 배운 것을 완전히 나의 것으로 만드는 매일의 습관에 달렸다. '그날 배운 것은 그날 복습하기' 습관만 들이면 누구나 공부를 잘할 수 있다.

## '3중주 하모니'가 기적을 만들다

분포초는 교사, 학부모, 학생이 함께하는 삼색 토론회를 주기적으로 개최하면서 의사소통 기회를 넓혀 나갔다. 교사들의 열정을 이끌어내고, 학부모가 아이의 교육에 참여하도록 유도했다. 모든 교육의 주체는 학생이며, 학생이 학교의 주인이라고 생각했다. 그래서 모든 행사를 학생이 계획하고, 실천하고, 평가하도록 했다. 분포초는 학생뿐만 아니라 교사, 학부모 모두가 가이던스쿨에서 자기주도학습 방법을 배운다. 학생들은 가이던스쿨에서 학습한 후 자기주도학습에 도전하고, 선생님들은 가이던스쿨에서 연수한 내용을 교실에서 교과 학습에 적용하며, 학부모들은 가이던스쿨에서 선생님이 학생들을 가르치는 모습을 직접 보면서 익힌 대로 가정에서 아이를 지도한다. 결국 학생, 교사, 학부모가 일관성 있게 자기주도학습 방법을 실천한 것, 즉 교육공동체 '3중주 하모니'가 기적을 만든 것이다.

## 자기주도학습 '3중 융합'의 힘은 컸다

메디치 효과라는 게 있다. 서로 관련이 없는 것들을 결합해 뛰어난 작품을 만들거나 아이디어를 창출해내는 것을 말한다. 13세기 메디치 가문의 식객이 된 여러 분야의 예술가, 학자들이 서로 대화를 하면서 융합해 탄생한 것이 그 찬란한 르네상스 문화이다. 교육에서도 융합의 힘은 대단하다. 분포초는 학생들의 자기주도학습 능력을 체계적으로 높이기 위해 '스스로 공부하기', '친구들과 어울리기', '책 읽기' 이렇게 세 가지 활동을 융합한 SL6 프로젝트를 가동하였다. '스스로 공부하기'를 통해 스스로 공부하는 방법을 안내하여 자기주도학습 습관을 갖게 했다. '친구들과 어울리기'를 통해 사회성과 적성을 계발하도록 했다. '책 읽기'를 통해 앞선 지식을 받아들이게 했다. SL6 프로젝트는 자기주도학습 방법의 학습, 친구들과의 협력학습, 객관적인 지식에 대한 공통사고 학습이 융합된 결과물이다.

# 자기주도학습의 완성 'SL6 프로젝트'

**프로젝트 1.** Self Learning을 지원하는 맞춤식 수업

> **미션** 공부에 재미를 느끼게 하라.

**프로젝트 2.** 자기주도학습 가이던스쿨

> **미션** 스스로 공부하는 방법을 알게 하라.

**프로젝트 3.** 단계별 독서 교육을 통한 자기주도학습 능력 신장

> **미션** 체계적인 독서를 통하여 스스로 공부하는 능력을 높여라.

**프로젝트 4.** 자기주도학습 협약 프로그램

> **미션** 스스로 공부하는 약속을 정하여 자기주도학습 습관을 정착시켜라.

**프로젝트 5.** 자율동아리 활동

> **미션** 친구들과 어울려 협력적으로 활동하는 기회를 갖게 하라.

**프로젝트 6.** 정규 교육과정을 지원하는 방과 후 학교 운영

> **미션** 정규 교육과정을 지원하는 방과 후 학교를 운영하라.

## 스스로 공부 습관을 만드는 '21일의 기적'

어떻게 하면 '스스로 공부하는 습관'을 지니게 할 수 있을까? 새로운 습관은 연습과 반복을 통해 학습할 수 있다. 좋은 습관을 몸에 익일 때까지는 21일간의 의식적인 노력을 기울여야 한다. '무엇이든 21일 동안 계속하면 습관이 된다'는 21일 법칙이 있다. 21일은 대뇌피질에 있던 생각이 뇌간까지 내려가는 데 걸리는 최소한의 시간이다. 생각이 뇌간까지 내려가면 그때부터 심장이 시키지 않아도 뛰는 것처럼 습관적으로 행하게 된다. 지금 당장 작은 계획부터 실천해보자. 분명히 말할 수 있는 것은 이 책에서 제안하는 '교과서로 공부하기'를 한 과목이라도 '일정한 시간에, 일정한 장소에서, 일정한 분량을' 21일 동안 지속하면 틀림없이 습관화된다는 것이다. 시도해본다면 분명 공부 기적을 맛보게 될 것이다. 작은 산을 자주 오르다 보면 어느덧 높은 산에 올라 있는 자신을 발견할 수 있을 것이다. BE THE MIRACLE! 스스로 공부 기적이 되길 바란다.

지은이 정철희

차례

**0부**

# 위기의 교육, 희망을 말하다 28

**1부**

# 자기주도학습에 반기를 들다 72

26

## 기적의 자기주도학습 솔루션

# 0부

# 위기의 교육,
# 희망을 말하다

"지흔이, 목표 달성"

1학기 기말고사가 끝난 어느 날 오후, 휴대 전화에 문자 하나가 도착했다.

"지흔이, 목표 달성"이라는 짤막한 문구였다.

"드디어 해냈구나! 지흔아, 장하다"라고 답장을 보냈다.

지흔이는 자기주도학습 프로그램에 참여한 이후 스스로 학습 목표를 정하고,

이를 달성하면서 성취감을 누리고 있다.

SL 프로그램으로 인해 지흔이 스스로 확실한 멘토를 찾은 것 같다.

선생님, 정말 고맙습니다.

## 01

# 한국의 아키타, 기적을 일으킨 부산광역시의 분포초

## 우리 학교의 최고 자랑은
## 자기주도학습

초등학교 3학년이 되던 첫날, 윤서가 학교에 다녀와서는 비장한 얼굴로 엄마에게 말했다.

"엄마, 저도 이제 초등학교 중학년이 되었으니, 자기주도학습을 할 거예요."

"윤서야, 자기주도학습이 뭔 줄 아니? 앞으로 어떻게 공부할 예정이야?"

"오늘부터 그날 배운 내용은 꼭 복습을 하고, 주간 계획을 세워 예습까지 스스로 해볼 생각이에요."

2011년 9월, 부산광역시에 있는 분포초에서는 전교생을 대상으로 설문 조사를 실시하였다. 설문 조사의 내용은 '우리 학교의 최고 자랑거리는?'이었다. 학생들은 무엇을 1순위로 꼽았을까? 1위는 바로 자기주도학습으로, 무려 44%나 차지하였다. 전국 초등학교 가운데 '자기주도학습'을 학교의 최고 자랑거리로 여기는 학교가 있을까? 아마도 분포초가 대한민국에서 유일한 초등학교가 아닐까?

분포초는 '사교육을 이겨야 아이가 살고, 학교가 산다'는 슬로건을 내걸고, 자기주도학습을 시작한 지 불과 1년 만에 놀라운 성과를 거두었다. 2011년 6월, 교육인적자원부 사교육절감형 창의경영학교 자기주도학습 부문 전국 벤치마킹 대상 학교로 지정되었을 뿐만 아니라 부산광역시 자기주도학습 컨설턴트 학교로도 지정되었다.

2011년 9월에는 '학교 경영 우수 학교' 전국 초등학교 대표로 분포초 교장 선생님이 국무총리와 간담회를 가지기도 했다. 이후 분포초는 교육청 등에서 자기주도학습을 통한 학력 향상 우수 학교 사례 발표회를 가졌다.

자기주도학습 벤치마킹 대상학교 및 컨설턴트 학교로 지정되고 난 후, 분포초의 자기주도학습 성공 사례를 벤치마킹하기 위해 전국 각지의 교사와 학부모들이 학교를 방문하고 있다. 분포초 교장 선생님은 "전국적으로 100여 개가 넘는 학교가 우리 학교를 방문하여 벤치마킹을 하였는데, 다른 학교에서 이를 더 발전적으로 적용하여 아이들 스스로 공부하는 교육 풍토가 만들어졌으면 좋겠습니다. 물론 단시일에는 힘들겠지만 자기주도학습의 확산에 뜻을 같이 하는 사람들이 점차 많아지기를 기대해봅니다."라고 말했다.

상식으로는 생각할 수 없는 기이한 일을 '기적'이라고 부른다. 일본에 '자주학습'으로 기적을 일으킨 '아키타'가 있다면, 한국에는 자기주도학습으로 기적을 일으킨 '분포초'가 있다. 기적의 근원지는 학교 속의 작은 학교인 가이던스쿨이다. 가이던스쿨은 1년이라는 짧은 기간 동안 학교를 바꾸고, 아이들을 바꿨다. 그리고 기적을 이루었다.

## 학부모 교육 만족도가 90%인 학교가 우리나라에 또 있을까?

분포초에서 학부모 교육 만족도를 조사하였는데 90%라는 놀라운 결과가 나타났다. 조사 이후에 학교에서 실시한 프로그램과 그에 대한 만족도는 반영되지 않았으므로 학교 교육에 대한 만족도는 이보다 높을 것으로 예상된다.

학생의 교육 만족도도 92%로, 무척 높게 나타났다. 이와 같은 결과는 대부분의 아이들이 학교를 신뢰하고 있으며, 담임 교사와도 깊은 유대 관계를 형성하고 있는 것으로 분석된다.

분포초는 분명 거꾸로 가고 있는 이상한(?) 학교다. 그래서 연구 대상이다. 벤치마킹을 하기 위해 학교를 방문한 어떤 중학교 선생님은 '한국 교육의 혁명'이라고 말했고, 필자 또한 분포초 학부모 연수를 마치고 교장 선생님에게 "진정한 자기주도학습의 방향을 보는 것 같아 강의한 보람을 느낀다"고 말한 바 있다. 교육인적자원부, 지역 교육청 인사들도 "입학사정관 제도라는 용어를 전혀 사용하지 않으면서도 교육과정에서 요구하는 중요한 내용들이 곳곳에 녹아 있다"라고 평했다.

분포초는 물고기를 주기보다는 물고기 잡는 법을 가르치고, 문제를 풀어주기보다는 문제 해결 능력을 배양시킨다. 즉, 학교가 지원해주는 시스템 속에서 학생들은 스스로 공부한다.

| 사교육비(만 원) | | | 학부모 교육 만족도(%) | | | 학생 교육 만족도(%) | | |
|---|---|---|---|---|---|---|---|---|
| 전 | 후 | 증감(%p) | 전 | 후 | 증감(%p) | 전 | 후 | 증감(%p) |
| 58.04 | 32.5 | −44.3% | 84.9 | 90.0 | +6.01 | 87.49 | 92.0 | +4.9 |

▲ 사교육 없는 학교 운영 전과 2011. 6월 기준 한국교육개발원 실태 조사 결과 비교

## 학교 교육에 대한 신뢰가 커졌다

2010년 7월부터 계속해서 추진하고 있는 '자기주도학습'에 대해 처음에는 부모님들의 걱정이 많았다. 받고 있던 사교육을 과감히 포기하고 학교 프로그램에 참여하려니 '과연 내 아이가 스스로 학습을 할 수 있을까?'하는 두려움 때문에 선뜻 지원을 할 수 없었다.

그렇지만 학교 선생님들의 확고한 의지와 먼저 시작한 아이, 부모님의 이야기가 알려지면서 서서히 생각이 바뀌게 된 것 같다.

학교에서 추진하는 여러 가지 프로그램들이 시험에서 몇 점 더 받기 보다는 아이들의 삶을 주체적으로 이끌어줄 수 있다는 점에 많은 학부모들이 공감하고 있다.

지금은 오히려 학부모들이 프로그램을 중단하면 어쩌나 하고 우려하고 있다.

이런 프로그램이 우리 아이가 다니는 분포초뿐만 아니라 전국적으로 퍼져 사교육 의존도를 줄이고 학교 교육에 대한 믿음과 참여가 이루어졌으면 좋겠다.

_학교운영위원장, 김자영(6학년 장세원 학부모)

**기적의 자기주도학습 솔루션 1**

# '자신감'만 있으면 된다

아이의 자신감 형성에 가정환경만큼 중요한 것은 없다. 아이를 칭찬으로 바꾸기는 쉬워도 질책으로 바꾸기는 어렵다. 많이 칭찬하고 적게 비판하라. 부모의 긍정적인 말을 매일 듣고 자라는 아이는 자기 자신에 대한 긍정적인 마음이 생긴다. 이런 긍정적인 기분은 아이의 자신감을 높여준다. 무슨 일이든 일단 스스로 해보도록 허용해주고 격려해주는, 실패를 하더라도 따뜻하게 감싸주고 다시 해보도록 위로해주는 가정환경을 만들어야 한다. 자신감은 학습 동기를 일으키는 엔진과 같다.

## 02

# 학교 속의 작은 학교, 가이던스쿨

분포초의 기적은 가이던스쿨에서 시작되었다. 가이던스쿨은 자기 주도학습을 하는 데 꼭 필요한 방법을 짧은 시간에 집중적으로 안내 하는 '학교 속의 작은 학교'다. 가이던스쿨은 다른 학교에서는 찾아 볼 수 없는 분포초만의 자부심이다. 그 자부심을 한 학부모는 이렇게 표현했다.

"우리 아이가 지금 분포초에 다니고 있는 것이 얼마나 감사한지 모릅니다. 물고기를 잡는 방법뿐만 아니라 왜 물고기를 잡아야 하는

지까지도 가르쳐주는 학교이니까요."

자기주도학습 가이던스쿨이 아이들에게 기적과 같은 변화를 일으켰다. 아이들 스스로도 자신들의 변화에 놀라워했다. 공부를 지겨워하던 아이가 "공부가 재미있다"라고 말하고, 어떻게 공부해야 하는지 모르던 아이가 "무엇을 공부해야 하는지 알게 되었다"고 말하고, 공부에 자신감이 없던 아이가 "공부에 자신감이 생겼다"고 말한다. 5일이라는 짧은 시간에 이토록 큰 변화를 일으킨 가이던스쿨의 비밀은 무엇일까? 가이던스쿨이 아이를 어떻게 변화시켰는지 분포초에 다니는 서현이의 사례를 통해 알아보자.

## 꿈의 지도를 찾아낸 서현이

다음은 분포초 4학년 김서현 학부모 조용미 님이 딸의 변화에 대해 들려준 이야기다.

어느날 딸의 책상 위에 쪽지가 한 장 놓여 있었다. 뭔가 싶어 읽어보니 '나는 공부를 왜 하는가?'라는 제목 밑에 6개의 항목이 적혀 있었다.

❶ 부모님한테 칭찬받기 위해서

❷ 선물을 받고 싶어서

❸ 뽐내고 싶어서

❹ 꿈을 이루기 위해서

❺ 실력을 쌓기 위해서

❻ 시험 점수를 잘 받고 싶어서


그런데 이 중에 딸은 4번과 5번 항목에는 동그라미를, 그리고 나머지 항목에는 X표를 해 놓았다. 밑줄도 그은 것을 보면 나름대로 고민을 많이 한 것 같았다. 딸은 왜 꿈과 실력에서 공부의 이유를 찾은 것일까? 딸에게 물었다.


"서현아, 꿈이 뭐야?"

"전 세계일주를 하고 싶어요. 여행가가 되고 싶은데 그냥 여행을 하는 것보다는 다른 사람들을 도우면서 다니는 게 좋을 것 같아요. 그래서 의사가 될 거예요. 말하자면 여행하는 의사가 되는 게 내 꿈이에요."

"꿈을 이루려면 어떻게 해야 할까?"

"공부를 해야 돼요. 의사가 되려면 의대에 들어가야 하는데, 들어가기가 어렵잖아요. 그래서 공부를 아주 열심히 해야 돼요."

서현이의 미래 계획을 구체적으로 물어보았더니 10대에는 대학에 들어가기 위해 학교 공부를 열심히 하고, 20대에는 엄마, 아빠의 주머니 사정을 고려해 교환 학생으로 유학을 갈 거란다. 존스 홉킨스 대학에 가서 의학을 공부하고, 최고의 의사가 된 다음에는 세계 방방곡곡 여행을 다니고, 의사가 없는 오지에 가서 무료 봉사를 할 거란다.

## 자신의 꿈, 자신의 길을 설계하다

서현이가 야무지게 자기 꿈을 설계하게 된 것은 가이던스쿨에 나가기 시작하면서부터다. 그 꿈을 향해 나가는 한 걸음 한 걸음이 자기주도학습, 즉 '셀프 러닝'이다. 서현이와 함께 가이던스쿨 수업을 받았다. 방과 후에 일주일 동안 두 시간씩, 자신의 꿈을 설계하는 방법과 시간을 관리하는 법을 배우고, 국어, 영어, 수학 등에 대한 구체적인 학습법을 배웠다.

서현이는 꿈이 있기 때문에 80점짜리 시험지도 당당하게 내놓는다. 자신의 가치를 시험 점수로 평가받고 싶지 않기 때문인 것 같다.

서현이는 세계 지리와 문화에 관심이 많다. 왜냐하면 자신의 미래와 관련이 있기 때문이란다.

## 자기주도학습은 서현이의
## 꿈 지도다

난 서현이의 꿈을 믿는다. 이렇게 구체적이고 확실하게 꿈을 관리하는 데 이루어지지 않을 수 있을까? 꿈이 있기 때문에 서현이에게 공부는 도구다. 꿈을 실현하기 위해 쌓는 내공이자 과정이다. 스스로 길을 찾아가고 있다는 것이 너무나 기특하다. 공부를 왜 해야 하는가? 내 꿈은 무엇인가? 서현이가 자기주도적으로 공부하고, 꿈을 이루기 위해 노력하는 것을 보면서 그런 생각을 했다. 보물을 찾기 위해 보물지도를 살펴보듯 서현이는 꿈을 이루기 위한 꿈의 지도를 찾아낸 것 같다.

**기적의 자기주도학습 솔루션 2**
## '동기'는 스스로 공부하게 만든다

스스로 공부하게 하려면 아이의 꿈과 비전을 찾아내 학습 동기를 갖도록 하는 것이 중요하다. 왜, 무엇을 위해 지금 공부하는지, 공부의 목표와 의미를 찾아야만 진정한 공부가 이루어지기 때문이다. 도전해야 할 목표가 없는 공부는 쉽게 포기하게 되고, 노력해도 좋은 결과를 얻기 힘들다. 진로 탐색을 하여 자신의 적성을 찾고, 장래에 어떤 일을 하고 싶은지 알게 된다면 그에 따라 무슨 공부를, 얼마나 더 해야 할지 방향을 잡아나갈 수 있다. 진로가 없으면 공부의 방향을 잃기 쉽다.

**03**

# 분포초를 바꾼 프로젝트 성과 보고서

"분포초의 기적을 일으킨 원동력은 어디에 있는 것일까?

한국의 아키타, 기적의 분포초.

그 짧은 시간에 이런 성과를 이룰 수 있었던 힘은 과연 어디에 있

는 것일까?"

## 사교육비 지출의 44.3%를 절감하다

많은 학부모와 아이들이 학교에서 운영하는 프로그램이 자기주도학습 습관을 길러주는 데 반드시 필요하고, 효과도 높다는 인식을 하게 되고, 프로그램에 적극 참여함으로써 사교육비 지출을 44% 정도 절감할 수 있었다.

이제 그 비밀을 밝혀보자. 분포초는 다른 학교가 10년 이상 걸려도 이루기 힘든 일을 불과 1년 만에 이루었다. 교사들도 자신들이 이룬 성과가 믿어지지 않는다고 말할 정도다. 조경순 교장 선생님은 "사교육절감형 창의경영학교 운영을 시작한 지 불과 1년이 조금 더 흐른 현재, 자기주도학습을 실천하고 있는 우리 학교의 사례는 부산광역시를 넘어 전국적으로 명성을 얻고 있으며, 벤치마킹을 위해 많은 사람들이 본교를 방문하고 있습니다.

학교마다 지역과 여건이 다르지만 그들이 던지는 공통된 질문은 '짧은 시간에 이런 성과를 얻을 수 있었던 힘은 무엇인가?'하는 것이었습니다."라고 말했다.

# 1년차 프로젝트별 성과 보고

|Project 1| **Self Learning을 지원하는 맞춤식 수업**

- 54학급 복수로 학년 내 맞춤식 이동 수업을 실시했다.

- 교과별 자기주도적 교수·학습 매뉴얼을 개발하여 적용했다.

- 자기주도학습 가이던스북을 제작하여 전교생과 학부모에게 배포하고 활용 했다.


|Project 2| **자기주도학습 방법의 학습**

- 학급 단위로 10시간 단계별 자기주도학습법을 지도했다.

- 2011년 5월 부산광역시교육청 조사 결과, 학생 1인 1일 평균 123분으로 자 기주도학습 시간 최장 학교로 밝혀졌다.

- 방과 후 주 10시간 자기주도학습 가이던스쿨을 운영했다. 학생 150명, 학부 모 120명, 교원 59명으로 참여, 호응도가 매우 높고, 참여자 대부분 사교육 을 중단하고 SLM 프로그램에 참여했다.


|Project 3| **단계별 독서 교육을 통한 자기주도학습 능력 신장**

- 연간 학급별 24시간 독서 – 토의·토론 – 논술 지도를 통해 자기주도학습 능력을 신장시켰다.

- 학급별 연간 24시간 정규 교육과정 시간에 독서 교육을 했다.

## |Project 4| **자기주도학습 협약 프로그램**

- 사교육 중단, 자기주도학습 프로그램 참여, 학생·학부모의 호응도 매우 높았다. 2010년 14명으로 출발, 몇 개월만에 252명으로 증가했다.
- 채용 강사 10명, 학습 센터 3실, 교재 무상 지원, 방학 캠프, 보상, 저녁 급식 등 참여자에게 다양한 지원을 했다.

## |Project 5| **자율동아리**

- 학생, 학부모가 함께하는 무학년제 자율동아리를 운영했다. 학생·학부모의 호응이 높았고, 참여율(56팀 학생 289명, 학부모 124명 참여)도 높았다.
- 동아리실(12실) 조성, 담당 강사 1명 채용, 부서별 홈페이지 운영, 활동비 등을 지원했다.

## |Project 6| **정규 교육과정을 지원하는 방과 후 학교**

- 방과 후 학교 참여는 98강좌 1,378명, 1인당 1.4과목이었다. 전년 대비 89% 증가했고, 학부모 교육 만족도는 84%에서 92%로 높아졌다. 방과 후 전용 교실로 15인용 38실을 설치했다.

# 아이의 미래를 준비하는 결정적 시기

'스스로 공부하는 습관 들이기'는 초등학교가 최적기다. 10대는 미래에 대한 준비를 하는 시기이므로, 학습에 대한 동기가 가장 잘 부여된다. 특히 11살부터 16살까지의 청소년기에 지능이 가장 많이 발달한다. 이 시기에는 학습 능력이 가장 왕성해지고 인성이 발달해 성인 수준의 논리를 갖게 되고, 스스로의 삶을 설계할 수 있게 된다. 또한 목표를 정해 노력할 수 있는 능력도 생긴다. 인간의 능력 발휘에서 가장 많은 가능성을 가진 나이이기도 하다. 초등학생 때 스스로 시간을 관리하는 습관을 들이면 누구나 수재가 될 수 있다.

## 04

# 우리 아이가 분포초에 다니는 것이
# 얼마나 감사한지 모른다

## 자기주도학습에 대한
## 학부모의 생각

분포초의 자랑거리 자기주도학습. 분포초에 아이를 보내는 학부모들은 자기주도학습 프로그램에 대해 어떤 생각을 하고 있을까? 다음은 분포초 학부모의 의견이다.

"생각도 하지 못했다"_Self Learning Manifesto 신청서　학기 초에 아이가 들고 온 'Self Learning Manifesto' 신청서를 받아들고 고개를 갸

우뚱했다. 전학을 와서 그런지는 몰라도 이런 걸 학교에서 하리라곤 생각하지 못했기 때문이다. "우리 한번 해볼까? 어떤 과목을 할까? 문제집은 어떤 것이 좋을까?" 특별히 사교육을 하고 있지 않은 상황이라 시간도 넉넉해서 전 과목을 해보기로 했다.

**"신선한 충격이었다"**_자기주도학습 협약식_   학교 강당에서 실시했던 협약식은 신선한 충격이었다. 스스로 목표를 정하고 계획을 짜서 실천해보겠다는 아이들에게 학교와 부모가 한마음으로 옆에서 지켜봐주고 도와주겠다는 약속의 시간이었다. 스스로도 다짐했다. 간섭이 아니라 관심으로 지켜봐주고 응원해주겠다고……

**"이제 시작이다"**_방과 후 SL 교실_   이제 시작이다. 아이는 학교 수업을 마치고 SL 교실에 가서 학습 계획표를 짜고 정한 만큼의 공부를 하고 모르는 부분은 선생님께 물어 해결했다. SL 교실에 가지 않는 날엔 집에서 똑같이 진행했다.

**"많이 놀랐다"**_자기주도학습 가이던스쿨_   어느 정도 아이가 틀을 잡아갈 즈음에 학교에서 자기주도학습 방법을 배울 수 있는 가이던스쿨을 시작했다. 하루는 자기 꿈이 담긴 멋진 명함을 만들어 보고, 또 어떤 날에는 과목별 공부법에 대한 수업을 들었다고 했다. 많이 놀랐다. 그 어떤 학교가 이런 가르침을 줄 수 있을까? 언제나 공부만 하라고만 했지, 어떻게 해야 하는지 그 방법을 가르쳐준 학교는 없을 것이다.

"새롭게 다짐했다"_자기주도학습 보상식    1학기가 지나고 방학으로 마음이 조금 느슨해질 즈음, 학교에서 지난 6개월의 자기주도학습 보상식을 마련해주었다. 방송실에서 교장 선생님께 상도 받고 가족이 준비해준 책 선물도 받으면서 다시 새롭게 시작할 것을 다짐했다.

"부끄러웠다"_학부모 자기주도학습 가이던스쿨    얼마 전 부모님을 대상으로 실시한 가이던스쿨도 엄마의 다짐을 다지는 기회로 삼아 참가했다. 나름 교육에 관심이 있다고 생각했던 제 자신이 부끄러웠다. 6년 이상을 학교에서 보낸 내가 교과서 체계를 처음 알아본 시간이었다. 또 무료로 이용할 수 있는 유용한 인터넷 사이트와 많은 정보를 알려주었다.

"얼마나 감사한지 모른다"_자랑스런 분포초    큰아이를 중학교에 보내고 보니 자기주도학습의 중요성을 더욱 피부로 느낀다. 초등학교 때까지 나름대로 잘했다고 생각했던 아이들이 늘어난 과목 수와 공부량에 혼자서 어찌할 바를 모르는 경우를 종종 보았다. 시험 기간에 어떻게 계획을 세워야 하는지도, 수업 시간에 필기는 어떤 식으로 해야 하는지도 모르는 아이들이 많다고 한다. 이런 이야기를 들을 때면 우리 아이가 지금 분포초에 다니고 있는 것이 얼마나 감사한지 모른다. 물고기를 잡는 법은 물론 왜 물고기를 잡아야 하는지를 가르쳐주는 학교이니까 말이다.

**기적의 자기주도학습 솔루션 4**
## 부모가 변하면 아이도 따라서 변한다

지금까지는 엄마의 지시대로, 엄마가 주도해서 아이를 억지로 끌고 왔다면, 이제부터는 엄마가 아이의 손을 서서히 놓고 자기주도적으로 걸어갈 수 있도록 도와야 한다. 아이들 누구나 홀로 일어설 수 있는 힘을 가지고 있다. 부모는 아이의 내재된 자립심을 끄집어내서 그 힘이 더욱 강해지도록 지속적으로 조력해주면 된다. 부모가 아이의 멘토가 되어 아이의 내면에 있는 배움에 대한 욕구를 자극시키고, 아이들 스스로 하고자 하는 마음에 불을 당겨주도록 하자. 그러면 아이 스스로 무섭게 타오르면서 공부하게 된다.

**05**

# 분포초의 SL은 이상적인 학습 시스템

김예진(3학년) 학부모 이지현 님의
SL 이야기

　　　　　　자기 스스로 공부하는 습관을 잡아주는 것, 그리고 누군가가 알려주는 지식보다는 자기 스스로 알아가는 과정에서 보람을 느끼는 것, 이러한 것들이 제가 아이를 SL에 보내고 있는 이유이다.

　스트레스를 받으며 단기간의 암기로 좋은 성적을 올리는 학생들보다는 행복한 학생이 될 수 있을 것이라 믿는다.

*"하나, 습관을 잡아주고*

*둘, 자신감을 붙여주고*

*셋, 성취감을 맛보게 한 SL*

*분포의 SL 시스템이 다른 학교에도 전파되어*

*많은 학생들이 혜택을 보았으면 좋겠다."*

## 공부습관만
## 잘 잡아주면 된다

'스스로 공부하는 것이 중요하다.' '공부 습관만 잘 잡아주면 된다.'는 평소 신념에 충실해보자고 마음을 다잡을 즈음에 자기주도학습을 할 수 있는 여건을 마련해주는 'SLM 협약 신청서'를 받게 되었다. 분포초의 SL은 평소 이상적이라고 생각했던 학습 시스템이다. 스스로 공부한다는 것은 혼자서 공부를 하는 것이지만 사실 옆에 조언자나 지도자가 없으면 큰 효과를 볼 수 없기 때문이다. 혼자 공부를 하다가 모르는 문제에 부딪혔을 때 그 문제를 해결하는 데 도움을 줄 수 있는 누군가가 있다면 학습의 효과가 훨씬 크다. 그런데 자기주도학습실에는 학생을 관리해주시는 선생님이 계셔서 너무 든든하다.

# 공부에 자신감이
# 많이 붙었다

얼마 전 SL 지도 선생님께서 예진이의 학습 시간 및 태도에 대한 멘트를 적은 메일을 보내주셔서 기분이 무척 좋았다. 실제 예진이의 성적도 학기 초보다 조금씩 향상되어 간다는 생각이 든다. 엄마 없이 불규칙적으로 공부를 했던 예진이가 일주일에 2번이기는 하지만 규칙적으로 SL 교실에서 공부를 꾸준히 하여 공부에 자신감이 많이 붙은 상태라서 보람을 느끼고 있다.

나는 예진이가 반에서 1등하는 것을 목표로 SL 교실에 보내는 것이 아니다. 시험 문제 한두 개를 틀렸다고 울상짓는 아이로 자라기보다 스스로 공부하여 성취감을 맛볼 수 있도록 하고, 잘 닦고 가꾼 습관으로 중학교, 고등학교 때까지 지치지 않고 본인의 스타일대로 편안하게 공부할 수 있는 아이가 되었으면 한다.

**기적의 자기주도학습 솔루션 5**

# 아이는 부모가 기대하는 만큼 성장한다

교육학에 '피그말리온 효과'라는 이론이 있다. 아이는 교사가 기대하는 만큼 성장한다는 것이다. 교사가 아이에 대한 기대를 크게 하면 그 기대에 부응하기 위해서 그만큼 노력을 하게 된다. 그리고 그결과에 긍정적인 영향을 미치게 된다. 이러한 효과는 부모가 아이를 교육하는 데에 있어서도 마찬가지다. 오히려 날마다 접촉하는 부모 자식 간의 관계에서 그 효과는 더 크게 나타난다. 부모가 어떻게 대하느냐에 따라 아이의 장래가 달라진다. 부모가 먼저 아이를 대하는 말투, 태도, 표정을 바꾸면 아이들도 자연스럽게 바뀐다.

**06**

# 남보다 느리게 가는 교육, 그러나 결과는 성공이었다

### 정이훈(4학년) 학부모
### 박혜란 님의 이야기

이훈이는 SL(자기주도학습)을 통해 1년 정도 공부했다. 결과는 성공적이었다. 조금 많은 시간이 걸릴 수도 있다는 생각으로 자기주도학습 워밍업부터 시작했다. 먼저 이훈이에게 하루 일과표, 일주일 계획표를 짜도록 했다. 그랬더니 워드 작업을 해서 왔는데 곧잘 한 것 같아 대견스러웠다. 어느 정도 집에서 공부하다가 3학년 말에 SL을 시작하였다. 매일매일 SL 교실에 가서 문제

짐을 푼다는 게 조금은 힘이 들 줄 알았다. 가끔 쉬고 싶다고 할 때도 있었다. 그때마다 무조건 "안 돼!"라고 말하진 않았다. 그 대신 학습 분량을 조금 줄여주었다. 너무 빠른 선행을 할 필요가 없다고 생각했기 때문에 조금의 융통성을 보여주었다.

## 남보다
## 느리게 가는 교육

큰아이를 키울 때도 그랬지만 항상 남보다 느리게 가는 교육을 했다. 지금 당장 열매를 따기보다 조금은 시간이 걸려도 좀 더 튼실한 열매를 얻기 위해 거북이 교육을 선택했다. 21세기 거북이는 우직함만으로 성공할 수 없다. 전략을 미리 짜고 자기 장단점을 파악해 한결같은 마음으로 전념해야 성공할 수 있다고 생각한다. 그렇기 때문에 자기주도학습이 나의 교육 철학과 딱 맞았다.

## 매일매일 꾸준히

이훈이는 국, 영, 수 3과목을 신청해서 자기주도학습을 하고 있다. 방과 후 학교와 연계하다 보니 오후 5시까지 학교에서 수업을 한다. SL 수업 시간은 오후 2~3시 사이쯤 시작하여 보통 30~40분씩 매일매일한다. 시간이 적은 것 같지만 매일매일 꾸준히 한다는 것이 이훈이에게는 맞는 공부 방법이었다. 학교에서 제공한 문제집으로 하루에 2장씩 정해 국, 영, 수를 한다. 워낙 속도가 빨라 40분 정도면 공부를 끝낼 수 있었다.

미처 다하지 못한 과목은 집에 와서 채점과 점검을 할 때 풀었다. 속도가 빠르다 보니 실수로 인한 오답이 많이 나와 고민이다. 이 고민을 줄이려고 채점을 할 때 오답 정리를 한다(깨끗이 지워 다시 풀고, 식을 꼼꼼히 적어 푼다). 이 방법이 힘들다 보니 자기 스스로 신경을 써서 문제를 풀 때도 있다. 틀린 문제는 항상 집에 와서 다시 확인한다.

처음으로 틀렸을 때, 두 번째 풀어 맞았을 때, 설명을 해주어도 잘 이해하지 못하거나 풀지 못했을 때, 풀면서 어렵게 느꼈을 때 각각 다른 색 볼펜으로 표시를 한 다음, 기말 시험을 볼 때나 단원 평가를 할 때 다시 풀게 하였다. 자기주도학습을 할 경우, 계속해서 진도를 나갈 때도 있지만 반드시 한 번 더 짚고 넘어갔다. 자기주도학습을 하는 아이에게 무조건 맡겨 놓지는 않았다. 아직 어려서 놓치는 부분이 많을 것 같아 이훈이의 공부를 지켜보았다. 아무리 거북이 학습이지만 자기주도학습의 완성 시기가 너무 늦으면 좋은 결과를 기대하기 어려울 것 같았다. 자기주도학습을 꾸준히 실시한 결과 단원 평가에서도 좋은 성적을 얻었고, 1학기 기말고사에서도 전 과목 100

점을 맞았다. 이렇게 빨리 좋은 결과가 나타날 것이라 생각하지 못했다. 오로지 SL 교실에 가서 매일매일 분량을 정해 공부한 것밖에는 없었다. 2학기에 들어와서도 나름 잘하고 있는 것 같다. 자신감이 조금은 부족한 아이였지만 지금은 자신감이 많이 생긴 것 같아 너무나 좋다. 지금은 2학기 기말평가에 대한 부담감도 있지만 SL을 믿고 있다.

자기주도학습실에 여러 선생님이 계시기 때문에 굳이 집에서 확인하지 않아도 될 것 같다. 내 아이에게 맞는 자기주도학습법을 선택하여 실천한다면 좋은 결과가 있을 것이라 생각한다.


## 꿈을 이루어 나갈 것이라 믿는다

앞으로도 자기주도학습을 꾸준히 하여 더 나은 결과를 얻고 싶다. 아니, 얻을 것이다. 밤에 자기 전에 내일 뭘 해야 하는지 스스로에게 묻곤 한다. 항상 준비된 자세에서 출발하는 것이 이훈이에게 얼마나 많은 도움이 되는지는 말하지 않아도 알 것이다. 스스로 무언가를 해낸다면 앞으로 살아가면서 무수히 많은 일들과 부딪힐 때 큰 도움이 될 것이라 생각한다.

자기 스스로 해결할 수 있는 능력은 이훈이의 인생을 더 풍요롭게

할 것이다. 물론 실패도 많이 하겠지만 그러면서 자기 꿈을 이루어
나갈 것이라 믿는다.


**기적의 자기주도학습 솔루션 6**

## 모든 공부의 출발점은 교과서이다

교과서는 기본 개념을 쉽고 정확하게 설명해 놓은 가장 훌륭한 교
재다. 시험에 응용력을 요구하는 문제가 출제되더라도 이 기본 개념
과 원리를 등한시해서는 응용력이 길러지지 않는다. 참고서란 교과
서를 참고해서 만들어 놓은 것이다. 그러니까 참고서를 공부할 때도
항상 교과서가 중심이 되어야 한다. 문제를 풀다가 교과서의 개념이
필요한 부분이 있으면 다시 돌아와 기초적인 개념과 원리에 대한 기
억을 되살리고, 정확하게 개념을 이용해서 문제를 풀려고 노력해야
한다.

## 07

# 달라진 학교, 변하는 아이들

아이들은 솔직하다. 재미있으면 재미있다고 말하고, 지루하면 지루하다고 말한다. 가이던스쿨 프로그램에 참여한 아이들의 이야기를 들어보았다.

## 스스로 공부할 수 있는 방법을 터득하였다

"가이던스쿨은 나에게 많은 것을 가르쳐주었다. 과거에는 자기주도학습이라는 단어만 알았지, 실천은 하지 않았다. 하지만 이번 계기를 통해 공부에 대한 자신감이 생겼다."

"평소 자기주도적으로 학습하는 방법을 자세히 몰랐고, 하지도 않았다. 그런데 가이던스쿨에 참여하면서부터 자기 스스로 공부하는 방법을 알게 되어 정말 보람 있었다."

"이번 가이던스쿨을 하면서 많은 것을 얻었다. 비록 5일 동안이었지만, 스스로 공부할 수 있는 방법을 터득하였다. 가이던스쿨 이후 자기주도학습 능력이 많이 향상되었다. 이번 가이던스쿨은 정말 값진 시간이었다."

"가이던스쿨에 참여하기 전에는 공부가 지겨웠는데, 참가하고 난 후에는 공부가 재미있어지고, 좋아졌다."

"공부에 자신감이 생겼다.", "공부가 좋아졌다."

"자기주도학습을 시작할 때는 재미가 없을 줄 알았는데, 5분 정도 지나니 공부에 빠져들었다."

## SL은 방황하던 학부모들의 나침반!

:
:

부모들은 자신들의 자녀가 훌륭하게 성장하여 행복한 삶을 누릴 수 있기를 기대한다. 그러나 '우리 아이들을 어떻게 교육시킬 것인가'라는 이야기만 나오면 저마다 생각이 다르다. 학교 교육에만 의존하기도 불안하고, 사교육에 매달리기도 부담스럽다.

교육은 '학습하는 방법을 가르치는 것', 삶의 방식을 안내하는 것'이기 때문에 자기주도적으로 학습해야 한다는 말은 오래전부터 들어 왔지만 학부모로서 구체적인 실천 프로그램을 접해 본 경험은 없었다. 그런데 우리 학교에서 아이들을 위한 자기주도학습 프로그램을 시도했다는 것이 정말 자랑스럽다.

학생 스스로 생활이나 학습 습관을 바꾸도록 하는 SL 프로그램, 친구들과 어울려 함께 활동하면서 인성을 가꾸는 자율동아리, 새로운 정보를 체계적으로 받아들이는 3단계 독서법 등은 글로벌 시대를 살아갈 우리 아이들이 꼭 익혀야 할 내용들이기에 학생은 물론이고 교육방향을 몰라 방황하던 학부모들의 생각이 점차 한곳으로 모아지고 있다.

학교에서의 교육 방법, 가정에서의 교육 방향, 학생들의 학습 방법, 이 모든 것이 '자기주도학습'이라는 방향으로 함께 나아가고 있다는 것은 정말 바람직한 일인 것 같다. 무엇보다 떠밀려 공부하던 아이들이 스스로 즐겁게 공부하고 자신감을 갖고 생활하는 모습을 볼 때면 부모로서 흐뭇하다. 우리 학교 아이들은 정말 행복하다.

_김상(6학년 한희승 학부모)

**기적의 자기주도학습 솔루션 7**

# 아이와 함께 길을 만들어 가는 현명한 부모

성공적인 자녀 교육을 해온 부모들의 공통된 대화의 네 가지 기본 원칙은 첫째 따뜻하고, 둘째 일관성이 있고, 셋째 아이를 잘 관찰하여 내 아이가 무엇을 원하는지 파악하고 있고, 넷째 파악한 것에 대해 반응을 잘해주는 것이었다. 아무리 훌륭한 교육 원리가 있다고 해도 이 네 가지 기본 원칙을 벗어난 것이라면 그것은 옳지 못하며, 따라서 결과도 효과적이지 못하다. 이 네 가지 원칙을 적용하여 아이를 진정으로 이해하기 위해서는 아이의 입장이 되어 아이의 눈으로 세상을 바라볼 수 있어야 한다.

**08**

# 분포초 아이들의 SL 참여 이야기

## 달라진 내 모습이 정말 신기하다
_김아영(3학년)

SL을 통해 하루의 일과 시간표를 스스로 계획하고, 이를 실천하기 위해 노력하고자 하는 마음이 생기게 된 것이 참 신기하다. 전에는 선생님께서 내주신 숙제를 하기에 바빴고, 엄마가 시키는 대로만 공부를 했다. 그런데 어느 순간 '어떻게 하루를 보낼 것인가?'를 아침에 일어날 때와 저녁에 자기 전에 생각하고, 수첩에 적는 습관이 생기게 된 것을 알게 되었다.

처음에는 30분 동안 공부하는 것도 지겨웠고, 엉덩이가 들썩들썩 하곤 했는데, 지금은 1시간 이상 집중해서 공부하는 것이 어렵지 않다. 그리고 학교에서 선생님으로부터 친구들과 똑같은 내용을 설명을 들어도, 내가 얼마만큼 스스로 복습하는지에 따라서 내용을 기억하고 이해하는 게 달라진다는 것을 알게 되었다.

SL을 시작한 지 8개월이 흘렀다. 2학년 2학기 때까지는 정말 공부에 관심이 없었다. 놀기에 바빴고, 숙제도 제대로 챙기지 못했었다. 그런데 지금은 다른 친구들과 경쟁하면서 내가 스스로 어떤 공부를 어떻게 해야 하는지, 그 방법을 찾고자 노력하고 있다. 달라진 내 모습이 정말 신기하다. 나의 미래 모습이 기대된다.

## 참 고맙다! 스스로 공부 습관을 잡아준 SL
### _윤아란(4학년)

4학년이 되던 첫날에 전학을 와보니 우리 분포초에는 신기한 게 참 많았다. 그중에서도 처음 들어본 SL은 스스로 학습 목표를 정한 후에 어떻게 실천할 것인지를 생각해보고 스스로 실천해 나가는 자기주도학습이라고 했다. SLM을 신청한 나는 3월에 협약식을 하고, 공부할 책들도 선물로 받았다. 난 일주일에 3번 학교 수업을 마치고 SL 교실에 가서 하루 두 과목씩 분량을 정해 문제를 풀고, 모르는 것은 선생님께 물어 해결하였다. 나머지 이틀도 집에서 계획표에 오늘 공부할 과목과 공부할 양, 시간을 체크하면서 실천 확인표를 적어 나갔다.

1학기동안 거의 빠지지 않고 SL 교실에서 공부했고, 꾸준히 노력한 결과 기말고사 성적도 매우 좋았다. 엄마는 SL 덕분이라며 기뻐하셨다. 처음엔 6개월만 하려고 했지만 난 지금도 SL 교실을 열심히 다니고 있다. 책과 문화상품권도 주고, 무엇보다 스스로 공부할 수 있는 습관을 잡아준 SL이 참 고맙다.

## 혼자서 공부하는 방법을 알게 되었다
### _이준재(5학년)

저학년 때부터 혼자서 공부를 해왔는데, 성적은 잘 오르지 않고, 어떻게 공부를 해야 하는지 방법을 몰랐다. 그래서 평소에 공부를 할 때에는 엄마의 도움이 꼭 필요했다. 하지만 가이던스쿨에서는 공부를 하는 방법을 선생님들께서 잘 가르쳐주셨다.

수학을 공부할 때는 오답 노트를 꼭 작성하고, 수학책을 하나 더 사서 다시 풀어 보라고 하셨고, 국어는 문제를 내가 알아볼 수 있게 간단히 줄여서 풀라고 하셨다. 가이던스쿨을 하고 나니 평소 수업 시간에 하지 않던 공책 정리도 신경 써서 잘하게 되었다. 그래서 그런지 수학 시험에서 실수가 줄어들고 점수가 올랐다. 이제는 집에서도 엄마의 도움 없이 자율적으로 공부를 할 수 있게 되었다.

## 스스로 공부하는 습관이 생겼다
### _서지흔(5학년)

SL은 말 그대로 '스스로 공부하겠다는 약속을 하고, 실천하는 것'이다. 나 스스로 하루 일정을 정하고, 그 일정을 실천하면 점점 자신감을 얻을 수 있다. 실제로 1학기 기말고사 때 학원에 다니지 않고 하루 2시간 정도만 집중하여 시험 준비를 했는데, 거짓말 같이 매우 좋은 성적을 얻었다. 이 경험을 통해 공부에 대한 자신감을 얻게 되었다.

공부하는 데는 우리 반에서 꾸준히 사용하고 있는 가정 학습장 활용이 최고이다. 그날 배운 내용이 정리되어 있기 때문에 세세한 부분까지도 함께 기억할 수 있다. 시험 기간에는 평소 정리하였던 가정 학습장을 이용하여 복습하는 것이 좋다. 아직은 자기주도학습을 완벽히 실천한다고 할 수는 없지만, 게으름을 피우고 싶거나 공부가 귀찮아질 때는 쉼터에 가서 책을 읽거나 게임을 하기도 한다. 이렇게 공부를 계속하면 아빠 말씀처럼 '스스로 공부하는 예쁜 우리 지흔이'

가 될 수 있을 것이라고 믿는다.

## 스스로 공부하는 능력이 많이 향상되었다
### _조준우(6학년)

5학년 12월 초에 부모님, 선생님과 의논한 끝에 모든 학원을 그만 두고, 학교에서 자기주도학습을 시작하게 되었다. 이후, 학교에서 국어 20시간, 수학 20시간, 기타 과목 20시간을 공부했다. 또 방학 동안 영어 동화책 30여 권, 영어 영화, 그리고 애니메이션 CD를 40여 편 정도 보았다.

SL을 한 이후로 내게 가장 도움이 된 것은 학원을 가지 않아서 생긴 시간을 이용하여 도서관에 매일 가게 되었고, 책을 좋아하게 되었다는 사실이다. 또 자기주도학습 이후 수학은 25점, 영어는 10점이나 향상되었다. 지난 겨울 방학의 경험을 통해 "나는 잘할 수 있다."는 확신을 가지고 자기주도학습에 전념하고 있다.

## 체계적인 시간 관리가 가능해졌다
### _김승은(6학년)

원래 나는 SL을 하기 전에도 사교육을 거의 받지 않고 집에서 공부를 했지만 시간 관리가 잘되지 않았다.

무엇보다도 내가 정한 목표 양까지 채우지 못해 항상 마음이 무거웠지만 주간 반성을 해야 한다는 걸 몰라서 공부가 엉망진창일 때도 있었다. 하지만 2010년 1기 SL에 참여하여 지금까지 꾸준히 공부한 결과, 나의 생활 및 행동에 많은 변화가 생겼다.

첫째, 이전보다 집중력이 높아졌다. SL에서 계획을 세우고 그 시간 안에 해내려고 노력하였더니 자연스럽게 집중하게 되었다. SL뿐만 아니라 다른 일에서도 집중력이 향상된 것을 느낄 수 있었다.

둘째, 체계적인 시간 관리가 가능해졌다. SL에서는 자신이 자유롭게 시간을 정할 수 있다. 단, 자신이 정한 시간에 대해서는 책임을 져야 한다. 한 번 계획을 세우면 그 계획을 반드시 준수해야 한다. 이러한 방법으로 이전의 단점은 손쉽게 바꿀 수 있었다.

셋째, 무엇보다도 스스로 구체적인 양을 정하고, 주도적으로 학습하게 되었다. SL은 우리 학교의 자랑이라고 할 수 있다. 더 이상 학원 선생님에게 끌려가는 공부가 아니라 자신이 주인이 되는 자기주도학습을 하기 바란다.

**기적의 자기주도학습 솔루션 8**

## 공부도 결국 자기 스스로 해야 한다

교육의 본질이자 목적은 자립심을 기르기 위한 것이며, 아이가 홀로 일어설 수 있도록 돕기 위한 것이다. 자립심을 키우려면 아이 스스로 학습 계획에 따라 실행하고, 수정하고, 주변에 도움을 청하는 모든 과정을 시행착오를 통해 연습하는 경험이 필요하다. 사소한 하나의 경험이 아이의 자립심을 높이게 된다. 또 무엇을 했을 때 행복한지를 스스로 알아냈을 때 아이는 자율적이고 독립적이 된다. 이 과정에서 가장 유의해야 할 점은 부모의 '과잉 개입'의 배제이다. 아이의 인생에서 안쓰럽다고 부모가 해줄 수 있는 것은 아무것도 없다.

**기적의 자기주도학습 솔루션 9**

## 나만의 꿈 지도를 찾아라

아이가 스스로 알아서 하게 하려면 아이 스스로 정한 꿈, 매력적인 목적지를 향해 가게 해야 한다. 자신이 좋아하는 일을 선택하면 아무리 그 일이 힘들어도 충분히 즐거울 수 있다. 그 꿈을 향해 가고 있기 때문이다. 지금 아무런 목적 없이 공부만 하고 있다면, 공부에 앞서 자기탐구를 하면서 꿈을 찾고 진로 결정을 해야 한다. 10년 후, 20년 후 무엇이 될 것인가? 무엇을 하며 살 것인가? 그러한 꿈과 목표를 실현하기 위해 지금 무엇을 해야 하는지, 자신에게 진지하게 물어 봐야 한다.

# 1부

## 자기주도학습에
## 반기를 들다

반대에 직면하다

교육인적자원부에서 시행한 '사교육 없는 학교' 연구학교 지정에 응모하여

학생들의 자기주도학습 능력을 향상시키고자 하였지만

교사와 학부모들의 반대에 부딪혀 결국 응모하지 못했다.

교사들은 '힘들다', 학부모들은 '학교를 신뢰하지 못하겠다',

'학생들의 학력이 떨어진다'는 이유로 반대했다.

**01**

# 월 평균 사교육비 58만 4,000원으로
# 전국 최상위였던 분포초

"2010년 '자기주도학습'이라는 말을 처음 듣게 되었을 때, 나는 '혼자 공부하면 과연 잘할 수 있을까?', '우리 아이는 아직 공부하는 방법을 몰라서 안 될 거야'라며 자기주도학습에 무관심했었다."

_최소영(3학년 윤지완 학부모)

**사교육 참여율 97.4%**

_분포초가 공개한 충격적인 사교육 실태 보고서

2010년 6월 말 '사교육절감형 창의경영학교' 지정을 받기 전, 분포초의 사교육 참여율은 97.4%로, 대부분의 학생들이 사교육을 받고 있는 것으로 나타났다(한국교육개발원 사교육 실태 조사 결과).

## 사교육 의존도가 전국에서 가장 높은 초등학교

월 평균 사교육비 지출은 58만 4,000원으로, 비록 경제적 여유가 있다고 하더라도 가계 지출액에서 많은 비중을 차지하고 있었다. 사교육을 받는 이유는 남들에게 뒤떨어지지 않겠다는 마음에서 비롯된 것으로 분석된다.

교과별 사교육비 분석 결과를 보면, 교과 사교육비가 예·체능보다 3.5배 많았다. 참여율도 교과가 예·체능보다 1.3배 많았다. 영어, 수학에 참여하는 아이들이 80% 전후로 가장 많았고, 국어는 50%대, 사회·과학·논술은 30%대로 나타났다. 사교육은 초등학교에서부터 대학입시를 염두에 두고 보내는 것으로 나타났다. 학년별 사교육비 분석 결과를 보면, 고학년에 비해 저학년의 사교육비 지출이 높았다. 그 이유는 학습하는 방법을 몰라 무조건 사교육에 의존하기 때문인 것으로 분석되었다. 고학년으로 올라갈수록 예·체능보다는 교과 사교육비가 많았으며, 특히 교과 사교육비의 50%가 영어에 투자되고 있었고, 다음으로 25%가 수학에 투자되고 있었다.

예·체능과 국어는 저학년일수록 참여율이 높았고, 모든 학년에서 영어는 80~90%, 수학은 75~85% 정도 사교육에 참여한 것으로 나타났다. 사회·과학은 3~4학년에서, 논술은 2~4학년에서 참여율이 높았다. 그 이유는 각 학년에서 어렵거나 중요한 과목에 대한 보충 심리 때문으로 여겨진다.

| 학년 | 교과 | 국어 | 영어 | 수학 | 사회/과학 | 논술 | 예·체능 |
|------|------|------|------|------|-----------|------|---------|
| 1 | 96.6 | 77.0 | 85.6 | 77.6 | 24.1 | 32.2 | 90.2 |
| 2 | 90.6 | 59.1 | 79.5 | 80.3 | 22.0 | 40.2 | 87.4 |
| 3 | 96.5 | 52.3 | 90.1 | 79.1 | 40.1 | 41.3 | 84.9 |
| 4 | 96.1 | 54.4 | 89.4 | 76.1 | 49.4 | 45.0 | 78.9 |
| 5 | 94.1 | 35.3 | 88.2 | 77.0 | 28.3 | 29.9 | 54.0 |
| 6 | 95.5 | 36.0 | 86.5 | 82.0 | 37.0 | 30.5 | 53.5 |
| 전체 | 95.1 | 51.4 | 86.9 | 78.7 | 34.1 | 36.2 | 73.5 |

▲ 분포초 교과·학년별 사교육 참여율(한국교육개발원 조사 결과, 2010. 6.)

# 하루에 15분만이라도 아이와 대화하기

아이가 성공하기를 바란다면 공부하라는 잔소리 대신, 하루에 15분만이라도 마음을 열고 아이를 수용하는 대화를 하도록 하자. 부모의 말은 조금 아끼고 아이가 수다를 떨게 하자. 맞장구칠 내용이 별로 없어도 아이가 말할 때 맞장구를 치면서 재미있게 들어주자. 아이들은 부모가 자기를 이해해주는 대화를 하기 시작하면 건강한 자아, 행복한 자아를 키우게 되어 무슨 일이든지 스스로 도전할 수 있는 용기와 자신감을 갖게 된다. 부모와 대화하는 아이들이 정신도 건강하고 학업 성취도도 높다. 먼저 부모부터 변하자.

**02**

# 이것이 과연 사람이 사는 것인가

대부분 학생들이 학교 공부를 마치고 밤 9시까지 방과 후 학교, 학원, 개인 교습을 받고 있었다. 밤늦은 시각까지 사교육을 받은 결과, 체력이 저하되고 대부분의 아이들이 자기주도적인 생활을 하지 못했다. 2010년 자기주도학습을 도입하기 전 분포초의 교육 여건은 어떠했을까?

당시 분포초 교장 선생님이자 가이던스쿨의 창시자인 구완회 교장 선생님과 인터뷰를 해보았다.

# ⒜구완회 교장 선생님과의 인터뷰를 통해 본 분포초의 교육 환경

**Q** 학생들의 상태는 어떠했는가?

**A** 학생들이 다소 자기중심적이고 상호 경쟁적이었다. 부모의 결정에 의한 사교육 의존도가 대단히 높았다. 학생들의 하루 생활 실태를 조사해본 결과, 대부분의 학생들이 학교 공부를 마치고 밤 9시까지 방과 후 학교, 학원, 개인 교습을 받고 있었다. 남보다 더 많이 배우기 위해 수동적으로 배우기만(output)하고 배운 것을 생각하면서 자기 것으로 만드는 학습(input) 시간은 거의 없었다.

또 부모의 과잉보호와 기대로 인해 심리적인 부담을 갖고 있었다. 학생들이 불쌍하기도 했고, '이것이 과연 인간이 사는 것인가?', '이렇게 자란 아이들이 장래에 어떤 사고, 어떤 생활양식을 갖겠는가?'라는 생각이 들었고, 이런 현실에 교육자로서 부끄러움을 느꼈다.

**Q** 주변 환경과 학부모의 성향은?

**A** 7,500세대의 대단지 LG아파트 절반이 학군으로, 도심에서는 보기 힘든 숲과 바다가 어우러져 쾌적한 교육 환경을 갖추고 있는 곳이다. 주변에 유해 시설이 없고, 외부인의 출입이 없어 야간 통

행도 비교적 안전한 곳이다. 교육적으로 활용할 수 있는 시설이나 기관도 다양하다. 주변에 부경대 외에 3개의 대학이 있고, 공원과 박물관, UN 묘지 등이 있다.

학부모들의 경제력이나 학력이 매우 높고, 교육에 열성적이지만 상호 경쟁적이고 거의 모두가 사교육에 의존하고 있었다. 조기 유학이나 어학 연수를 위해 해외에 드나드는 아이들이 많다. 2009학년도에는 조기 유학자가 35명, 어학 연수자가 164명이었다.

**Q** 주변 사교육 관련 특성과 현황은?

**A** 아파트 단지 내 초등학생을 대상으로 운영하고 있는 학원은 총 106개이다. 중·대규모 영어, 수학 학원이 주류를 이루고 있고, 대부분 선행학습을 하고 있다. 조사를 해보니 우리 학교 학생들은 영어 학원에 872명, 수학 학원에 610명이 다니고 있었다. 사교육은 68%가 학원 수강, 21%가 개인 과외를 주로 하고 있었다.

학습과 예능뿐만 아니라 요리, 스포츠 등의 취미 생활을 위해 사교육을 받는 경우도 많았다. 인근 대학교의 대학생을 활용한 개인 과외나 그룹 과외가 성행하고 있었다.

| 과목<br>위치 | 영어 | 수학 | 음악 | 미술 | 체육 | 논술 | 무용 | 전과목 | 한자 | 정보 | 과학 | 바둑 | 계 |
|---|---|---|---|---|---|---|---|---|---|---|---|---|---|
| 학원 | 26 | 19 | 7 | 7 | 9 | 9 | 4 | 3 | – | 1 | 1 | 1 | 87 |
| 공부방 | 2 | 2 | 7 | 2 | – | 2 | – | 1 | 2 | – | 1 | – | 19 |
| 계 | 28 | 21 | 14 | 9 | 9 | 11 | 4 | 4 | 2 | 1 | 2 | 1 | 106 |

▲ 분포초 학생들이 다니는 학원의 종류와 수

학 부 모 의  말 말 말

## SL은 사이좋은 부모, 자식 관계를 유지하는 비결!

．
．
．

다른 아이들은 어떤지 모르겠지만 우리 아이는 영국에서 학교 수업 외
에 아무것도 하지 않고 놀기만 했기 때문인지 한국에 와서 방과 후 영어
외에 특별히 학원을 다니지 않았는데도 무척 힘들어했다. 영국과 한국의
교육 스타일이 많이 달라 나름 적응하는 데 힘들었을 것이다. SL을 하고
난 이후 더 이상 공부 문제로 싸울 일이 없어 우리는 사이좋은 부모와
자식 관계를 유지하고 있다.

_윤정화(3학년 조한솔 학부모)

**Tip**

첫째, 교육은 마라톤이다. 소신 있는 교육 철학을 가져야 한다. 100년 이상 살 아이들의 교육, 조급하면 실패한다.

둘째, 스스로 학습하는 능력을 길러 주어야 한다. 그러기 위해서는 배우는 시간보다 익히는 시간에 더 많이 투자하는 습관을 길러야 한다. 자기주도학습 능력을 기르지 않으면 시간이 갈수록 뒤처진다. 평생학습 사회, 글로벌 시대에서는 자기주도학습 능력이 없으면 살아남지 못한다.

셋째, 긍정적인 마인드를 가져야 삶이 행복하다. 교육은 채우는 것이다. 나와 남의 장점을 찾을 수 있는 사람으로 만들어야 한다.

넷째, 더불어 사는 능력을 길러야 한다. 우리는 나보다 영리하다. 사람은 남의 사랑과 인정을 먹고 산다. 혼자서는 행복할 수 없다.

기적의 자기주도학습 솔루션 11

## 아이가 배움을 사랑하도록 도와주어라

좋은 교육이란 격려를 이끌어 내는 것이고, 배움을 사랑하도록 도와주는 것이다. 부모는 아이가 스스로 할 수 있도록 촉매 역할을 하는 조력자가 되어야 한다. 병아리가 알 속에서 나오려면 스스로 알을 깨기 위해 부리로 알을 쪼아야 한다. 그러면 알을 품던 어미 닭이 소리를 듣고 동시에 밖에서 알을 쪼아 병아리가 세상에 나오게 되는 것과 같다. 새끼와 어미가 동시에 알을 쪼지만, 그렇다고 어미가 새끼를 나오게 하는 것은 아니다. 어미는 다만 알을 깨고 나오는 데 작은 도움만 줄 뿐, 결국 알을 깨고 나오는 것은 새끼 자신이다.

## 03

# 한국은 교육의 천국(?)이다

## 90% 이상의 초등학생, "스스로 공부하고 싶다"

"선생님, 우리 어머니에게 학원에 보내지 말라고 애기 좀 해주세요."

"스스로 공부해보고 싶은가?"라는 질문에 90% 이상의 학생이 "그렇다"라고 대답하지만, 부모의 강요 때문에 항의조차 하지 못하고 있다.

사교육업체가 난무하고 아이들을 경제 대상으로 삼아 무차별 공격하고 있는 나라, 한국은 교육의 천국(?)이다. 이제는 매스컴, 대학교, 심지어는 외국 자본까지 한국의 사교육에 집중 투자하고 있다. 아이들은 사교육 상품의 좋은 원료이며, 학부모는 사교육 시장을 기웃거리며 사교육 상품을 구매하는 쇼핑 중독자들이다.

OECD 선진 주요 10개국의 학원 수강 시간은 주당 0.55시간이다. 하지만 한국은 주당 3.80시간이다. 한국 학생들의 학원 수강 시간은 세계 1위이다. 사교육은 머리가 별로 좋지 않으면서 공부 기술도 없는 사람, 스스로 공부할 능력이 있는데도 학원에 끌려 다니면서 의존적인 학습 습관과 인성을 가진 사람을 만들고 있다.

사교육은 학습 형태가 수동적이고 반복적이기 때문에 같은 드라마를 3~4번 보는 것과 같다. 또 문제풀이식 선행학습은 학교의 수업 시간에 집중하지 못하게 하고, 심지어 창의력까지 떨어뜨린다. 사교육에 길들여진 우리 아이들, 과연 고등학생이 되었을 때 어떻게 공부를 할까? 전적으로 사교육을 배제하자는 것은 아니다. 연구에 의하면 사교육에 의존하지 않고 자기주도적인 학습 습관을 들인 아이가 고등학생 때 부족한 부분을 보완하기 위해 사교육의 도움을 받으면 의존적인 아이에 비해 수십 배의 학습 효과가 나타난다고 한다.

학생들은 학교에서 배우고, 학원, 개인 과외를 통해서도 계속 배우지만 스스로 공부할 수 있는 시간이 없는 경우가 많다. 학원, 개인 교습, 방과 후 학교 등에서 수동적으로 배우기만 하고, 배운 것을 생각하면서 자기 것으로 만드는 학습 시간은 거의 없다. 지식이나 기술이 빠른 속도로 변화해 가는 이 시대에는 현재의 지식이 중요하지 않다. 새로운 지식과 기술을 습득할 수 있는 자기주도학습 능력을 누가 더 많이 갖고 있느냐가 인생을 좌우한다.

분포초의 교육 철학은 '배운 내용을 자기 것으로 만드는 셀프러닝은 초등학교 단계에서부터 체계적으로 이루어져야 한다'는 지극히 평범한 것이다.

**기적의 자기주도학습 솔루션 12**
## 2%의 계획이 98%의 실행을 지배한다

공부를 잘하는 필수 조건은 하루에 자기 스스로 공부할 수 있는 시간을 확보하는 것이다. 그 다음에는 우선순위를 정하여 시간을 어떻게 사용할 것인지 계획을 세운다. 마치 뷔페 식사를 할 때 값싼 음식으로 배를 채우지 않고 우선순위를 정해 비싸고 맛있는 음식부터 먹는 요령과 같다. 단기 계획은 일주일 단위의 주간 계획과 일일 계획을 세운다. 계획은 구체적으로 세워야 하며, 그날 공부시간은 되도록이면 매일 일정한 시간으로 정하는 것이 좋으며, 공부하는 시간보다 양을 기준으로 계획을 수립하는 것이 효과적이다.

## 04

# '사교육 없는 학교를 반대한다?'
# 인식의 전환을 이끌어 내다!

97.4%가 사교육을 하고 있는 분포초에서 '사교육 없는 학교를 만들자'라는 말은 아이들에게 공부를 시키지 말자고 하는 것과 같은 말로 들렸으리라. 그러니 어떤 부모가 이를 납득할 수 있었을까? 구완회 교장 선생님은 당시 교육인적자원부에서 시행한 '사교육 없는 학교' 연구학교 지정에 응모하려고 했지만, 교사와 학부모들의 반대에 부딪혀 결국 응모하지 못했다. 교사들은 '힘들다', 학부모들은 '학교를 신뢰할 수 없다', 학생들은 '학력이 떨어진다'는 이유로 반대했다.

## 학부모와 학생, 교사의 인식 전환을
## 이끌어 내다

　　　　　　구완회 교장 선생님은 우선 학부모와
학생, 그리고 교사의 긍정적인 사고를 통해 인식을 전환하기 위해 슬
로건을 만들기로 했다. 그 슬로건은 바로 '학생·학부모가 스스로 만
들어 가는 학교'였다. 물론 처음부터 쉬운 것은 아니었다. 그러나 이
제까지 교장 선생님이 실천해온 교육 이념을 정리하여 점진적으로
실천하기로 했다. 교사와 학생, 학부모는 물론 지역 주민들에게 가
능하면 쉬운 단어를 써 가면서 한 가지씩 실천하기 시작했다. 그러나
변화의 느낌을 주지 않고 조금씩 변화시켜 나가기는 그리 쉽지 않았다.


## 교사들의 열정을
## 이끌어 내다

　　　　　　교육이 바뀌려면 학교가 바뀌어야 하
고, 학교가 바뀌려면 교사가 바뀌어야 한다. 구완회 교장 선생님은
선생님들과 허심탄회한 개인별 대화 체제를 구축했다. '이왕 교육자
가 되었으면 교육자로서 부끄러운 행동은 하지 말자'고 호소하였다.
'우리 아이들이 먼 훗날 단 몇 명일지라도 진정으로 행복한 삶을 누
릴 수 있도록 하자'라는 교육자적 신념으로 접근했다. 이와 아울러

학교의 운영 방식도 바꾸었다.

대부분의 학교에서는 학교의 주요 업무 담당자를 승진자 중심으로 운영하지만, 분포초는 이를 탈피하여 과감하게 저경력자, 정년을 불과 몇 년 남기지 않은 고경력자를 학교의 중심 업무에 배치하였다. 그리고 학교 운영은 교사들의 신뢰를 바탕으로 전적으로 자율·책임제로 운영하였다. 또 교장과 교감, 그리고 경력 교사가 수업이나 업무를 잘한다는 생각을 버리고 공동의 사고로 학교를 경영하였다.

예를 들어, 학교 행사를 할 때 관리자가 팀원이 되어 참여하도록 했고, 관리자의 의례적인 순시도 없앴다. 또 연수를 강요하지 않고, 교내·외 연수 지원을 아끼지 않았다. 형식적인 연수는 없애고, '한두 가지 방면에 1인자가 되도록 하자. 그리고 정보를 나누자'라고 강조했다. 그리고 '자율적으로 노력하지 않으면 뒤처진다'는 생각을 갖게 했다. 모든 연락은 메신저로 대신했고, 직원 모임을 전면 폐지했다.

## 학부모와 함께 해야 성공한다

분포초 1~4학년은 점심식사 후 바로 하교를 했다. 학원 시간을 늘리기 위한 학부모의 요구에 의해 오전 시간에 5교시를 모두 끝내고 있었다. 4교시로 바꾸기로 하자 학부모,

교사들 뿐만 아니라 인근 학원에서 항의가 빗발쳤다.

구완회 교장 선생님은 '학부모와 함께 생각하자. 그래야 성공할 수 있다'라고 생각했다. 그래서 반대하는 학부모 300여 명에게 4교시의 장점에 대한 개인 서신을 보내고, 2학기부터 4교시로 변경했다. 예상대로 학교장에 대한 반감이 높았지만 지금은 거의 모두 감사를 표한다.

처음에는 자기주도학습이라는 용어를 전혀 사용하지 않았다. 그리고 학부모가 학교 교육에 직접 참여하도록 분위기를 만들었다.

연 인원 4,000명 정도가 교육 보조 활동에 직접 참여하도록 유도했으며, 또 학생 평가 및 시설, 교구 선택 등에 반드시 학부모가 참여하도록 했다. 일본·미국 자매 학교 교류 방문, 학부모 회장배 반별 축구대회, 학부모회 연수, 도서실 운영, 평생학습 등 학부모에게 일부 행사의 전체 운영을 일임했다.

학생, 학부모, 교사가 함께하는 '삼색 토론회'를 주기적으로 개최하면서 의사소통 기회를 넓혀 나갔다. 학생이 직접 취재, 편집, 인쇄를 하는 어린이 신문부를 만들어 월 1회 학교 교육 소식, 다음 달 교육 안내를 통해 교육 내용을 홍보하고, 교육 참여율을 높였다. 이렇게 함으로써 자연스럽게 학부모가 아이의 교육에 참여할 수 있도록 유도하는 데 성공할 수 있었다.

# 학교의 주인은
# 학생이다

교사와 학부모의 참여보다 중요한 것은 학생이다. 왜냐하면 모든 교육의 주체는 학생이며, 학생이 학교의 주인이기 때문이다. 따라서 학교의 모든 행사를 학생이 계획하고, 실천하고, 평가하도록 하였다. 서툴렀지만 학생들은 대만족이었다. 행사 후 전 학생에게 장점 발굴 시상을 했으며, 역사 클럽 외 16그룹, 자율동아리 활동을 활성화시켰다. 그리고 명칭 공모, 각종 행사 평가물 등의 응모, 평가, 조사에 학생들이 참여하도록 했다. 어린이 회장, 반장의 공약 사항을 적극적으로 수용, 지원 학생들의 의견을 최대한 존중하였다.

자기주도학습을 위한 시설, 기자재를 지속적으로 확충했고, 학생, 학부모의 의견을 물어 자기주도학습실(1실), 동아리실(4실), 체험실(3실), 수업 참관 및 분석실(1실) 등 자기주도학습을 할 수 있는 시설을 확충했다. 또 전 학급에 자기주도학습 모형을 보급하여 활용하도록 했다. 긍정적인 사고와 자기주도적 생활에 관한 연간 시리즈 훈화를 했다. 이러한 전반적인 노력이 자기주도학습을 성공으로 이끄는 밑거름이 될 수 있었다. 결국 학습은 생활을 바꾸는 것에서 나온다는 것을 알 수 있는 좋은 사례가 아닐 수 없다.

사교육절감형 창의경영학교란? **Tip**

### 지정 3년 내 사교육비 지출 40%로 경감

교과부 지정 연구학교인 '사교육 없는 학교'의 명칭이 '사교육절감형 창의경영학교'로 바뀌었다. 사교육절감형 창의경영학교의 사업 목표는 창의경영학교 지정 3년 내 사교육비 지출을 40%로 경감시키는 것이다. 운영 기간은 3년으로, 1년마다 성과 평가를 받게 되며, 학교당 연간 약 5,000~8,000만 원의 과제 수행 비용이 지원된다.

'사교육절감형 창의경영학교'는 정규 교육과정 운영 내실화, 방과 후 학교 운영 활성화, 자기주도학습 능력 신장, 수준별 맞춤식 수업 운영, 문제 해결 학습 능력 신장, 기초 학력 보충 학습 프로그램 운영, 창의 인성 및 진로 지도 프로그램 운영, 사교육절감 방과후 학교 등의 다양한 프로그램을 통해 사교육절감에 주력하게 된다.


### 미래 세대의 창의력과 인성을 기르는 교육

창의경영학교는 창의적 학교 경영을 통해 미래 세대의 창의력과 인성을 키우려는 노력의 일환으로 시작되었다. 창의경영학교란, 수업 현장에서 학생의 창의력과 인성을 기르는 교육을 강화하고, 학교장이 실정에 맞게 예산과 교육 프로그램을 탄력적으로 운영하는 학교를 말한다.

# 교과서의 핵심을 찾아 정리하라

모든 수업에는 반드시 수업 목표가 있다. 그 수업 목표가 바로 핵심이다. 모든 교과 과목에는 핵심이 있고, 그 핵심을 정확히 이해하고 있지 못하면 공부를 제대로 하지 않은 것이다. 특정 단원을 공부하고, 그 핵심만 따로 추릴 수 없다면 공부를 잘못한 것이다. 이런 공부는 큰 효과를 보지 못한다. 핵심만 담긴 별도의 노트 정리를 하는 것도 유익하다. 핵심은 모두 시험에 출제된다. 다르게 출제하더라도 결국 묻는 것은 그 핵심 수업 내용을 이해했는지, 아닌지를 묻는 것이다. 핵심을 모르는 공부는 차라리 하지 않는 것만 못하다.

**05**

# 학부모들이 변하기 시작하다

*"자기주도학습은 우리 아이와는 전혀 상관없는 학습 방법이라고 생각하며 지내왔다."*

**학부모의 말**　그동안 아이의 교육을 전적으로 학원에 의존해왔다. 아이의 학력 수준을 제대로 파악하지 못한 채 그저 '잘하고 있겠지'하고 생각하며 지내왔다. 학원을 단순히 학습 보조 기관뿐만 아니라 아이를 믿고 맡길 수 있는 보육 기관으로 생각했다. 부모의 빈 자리를 채워주는 고마운 공간으로 생각하며 아이를 맡겨왔다.

늘 아이 곁에서 학습하는 모습을 지켜보지 못하는 맞벌이 부부의 한계를 핑계 삼아 아이의 의사와는 상관없이 더 좋은 학원만을 찾아다니는 것으로 부모의 역할을 다하고 있다고 생각해왔다. 그래서 자기주도학습은 우리 아이와는 전혀 상관없는 학습 방법이라고 생각하며 지내왔다.

## 홀로 설 수 있는 기회를 강제로 빼앗는 부모들

**학부모의 말** 학생들은 등교를 하여 학교 선생님과 공부하고, 수업을 마치고 나면 방과 후 학교와 학원을 다람쥐 쳇바퀴 돌듯 순회한다. 아이들을 좋은 대학에 보내기 위해 아이들 스스로 생각하고, 계획하고, 실천하는 기회를 부모가 강제로 빼앗고 있는 것이다. 즉, 혼자서 살아가는 방법을 터득할 기회를 주지 않는 것이다.

실제 학교 현장에서 스스로 계획하고 실천하는 주제 학습을 해보면 학원 의존도가 높은 학생일수록 무엇을 해야 할지 몰라서 누군가 알려줄 때까지 기다리는 경우가 많다.

## 엄마의 잔소리, 학원 과제에 치여 하루하루를 지내는 아이들

**학부모의 말**  부모가 아이에게 제일 많이 하는 말은 "숙제는?", "학원은?", "몇 점이니?" 등과 같은 말들인 것 같다. 모든 부모들은 아이 스스로 알아서 잘하기를 바란다. 하지만 대부분의 아이들은 왜 공부를 해야 하는지 잘 알지 못하기 때문에 엄마의 잔소리, 학원 선생님이 내준 과제에 치여 하루하루를 지내고 있는 것 같다.

공부는 아이가 받아들일 자세나 목적이 없으면 아무런 의미가 없다. 우리 아이 역시 큰 목적 없이 나의 잔소리 때문에 마지못해 하고 있을 뿐 발전할 기미가 전혀 보이지 않았다.


## 저런 걸 왜 하지? 뭘 믿고? 나중에 후회할 일을 하는군, 얼마나 갈까?

**학부모의 말**  처음 자기주도학습 이야기를 들었을 때 아이는 물론 학부모인 나조차도 전혀 관심이 없었다. 안내문을 자주 가지고 왔지만 처음에만 몇 번 읽다 나중에는 읽지도 않고 휴지통에 넣어 버렸다. 주위에서 자기주도학습을 시작하는 이야기를 가끔 엄마들에게 들으면 '저런 걸 왜 하지? 뭘 믿고?'하는 의심이 먼저 들었고, '나중에 후회할 일을 하는군. 얼마나 갈까?'하는 생각을 하곤 했다. 방학 때 자기주도학습 캠프에 가는 아이들을 보면 '방학에 할 일이 없으니까 보내겠지'라는 부정적인 시선으로 바라보면서, 전혀 관심을 두지 않았다.

## 가이던스쿨 수료 후 점점 변화하고 있었다

**학부모의 말**　　　그러던 중 담임 선생님이 아이에게 가이던스쿨에 꼭 참여해보라고 권유해주셨다. '그래, 일주일 정도이니 한번 해보지 뭐'라는 생각으로 시작하였다. 그런데 하루, 이틀, 사흘……. 시간이 지날수록 아이가 변화하는 모습에 나의 행동들이 점점 변화하고 있었다. 특히, 과목별 학습 방법은 아이가 새로운 공부 방법에 눈뜰 수 있는 계기를 마련해주었다. 하루도 빠지지 않고, 지각도 하지 않고, 힘들다는 소리도 하지 않고 배우는 아이에게 그저 고마울 따름이었다.

**학부모의 말**　　　나와 우리 아이가 드디어 자기주도학습에 관심을 가지게 되었다. 우선 처음 시작할 때는 주 2회, 40분 정도로 본인이 하고 싶은 과목을 공부하도록 했다. 여름방학에는 캠프에도 참여하였는데, 프로그램에 아주 만족하였다. 처음 접한 단소 수업, 토론 수업, 체육, 수학, 그리고 1박 2일 캠프까지……. 이렇게 방학 캠프까지 참여한 지 어느덧 6개월이 흘렀다. 가끔 본인이 공부한 과목의 단원평가 점수를 생각보다 못 받아 속상해 하는 모습을 보면 대견하고, 자랑스럽다.

## 꼭 큰 힘이 될 것이라 믿고 기대해본다

**학부모의 말**　　앞으로는 누가 시키지 않아도 아이 스스로 꾸준히 잘할 것이라는 생각이 든다. 요즘 다른 학교 학부모를 만나면 우리 아이가 하고 있는 자기주도학습에 대해 자랑스럽게 이야기한다. 그러면 어떻게 그런 좋은 프로그램이 학교에서 이루어질 수 있는지 부러워한다. 지금은 눈에 보이지는 않는 어떤 힘이 1~2년, 멀게는 우리 아이가 고등학생이 되었을 때 반드시 큰 힘이 될 것이라 믿고 기대해본다.

# 매일 교과서로 예습·복습을 하라

수업 전에 그날 배울 내용을 예습하면 수업 중에 선생님의 설명을 완전히 이해할 수 있다. 예습은 거의 이해했다고 여겨질 만큼 충분히 공부해 가야 한다. 학습 진도를 앞서 나가되, 80~90%를 이해하는 것이 좋다. 무엇보다 공부는 이해한 것을 잊어 버리지 않는 것이 중요하다. 공부한 내용을 잊어 버리지 않게 하는 것이 바로 복습이다. 복습은 짧은 시간 동안 하는 것이 좋다. 보통 핵심만 요약하거나 한 번 읽고 중요한 것만 체크해 놓아도 큰 힘을 발휘한다.

## 06

# 이것이 학원에 보내지 않아야 할 이유다

| Q | 왜 학원에 가지?

| A | 엄마가 가라고 해서 어쩔 수 없이 가지요. 선생님이 우리 엄마에게 학원에 보내지 말라고 말 좀 해주세요.

| Q | 학원이 너에게 필요하니?

| A | 잘 모르겠어요.

| Q | 학원이 공부에 도움이 되니?

| A | 조금은 도움이 돼요. 하지만 스스로 공부해보지 않아서 어느 쪽이 나은지 모르겠어요.

| Q | 스스로 공부를 하면 어떨 것 같니?

| A | 성적이 더 오를 것 같지만 엄마가 믿지 않으니까 어쩔 수 없어요.

| Q | 학원 공부가 재미있니?

| A | 당연히 해야 하는 것으로 믿고, 하고 있을 뿐이에요. 공부를 좋아하는 사람이 어디 있나요?

## 억지로 외우라고 했더니 어느 날 틱 장애가 왔다
_노희정(5학년 강희우 학부모)

"자, 공부할 시간이다. 희우야, 공부해야지", "이번에는 이걸 해야 하고, 그 다음에는 저걸 해야지" 일일이 떠먹여주는 공부가 희우에게 별 도움이 되지 않는다는 것을 알면서도 늘 이런 방식으로 공부를 시켜왔다. 무엇이든 스스로 하고 싶어야 재미도 있고, 잘할 수 있다는 걸 알면서도 불안한 마음에 행동으로 옮기지 못했다.

어느 날 희우에게 한자 시험을 준비하자고 하면서 한자를 무작정 외우게 한 적이 있다.

"하루에 몇 개씩 외워라! 자~ 써봐."

싫은 기색이 역력했지만 그래도 억지로 밀어붙였다.

그런데 며칠이 지나서 희우가 머리를 반복적으로 흔들고, 밤이면 자다가 울면서 일어나곤 했다. 갑자기 왜 그러는지 원인을 몰라서 병원을 찾았는데 의사 선생님이 "아무래도 스트레스 때문에 틱 장애가 온 것 같다"라고 말했다. 그전부터 틱 장애의 심각성을 알고 있었기 때문에 '이건 아니다' 싶었다.

## 이것이 학원으로 아이들을 내몰아서는 안 되는 이유다

### 몇몇 학부모의 생각

어린 아이들이 너무 학원 스케줄에 얽매여 혹사받고 있는 현실이 가슴 아프다. 학교의 담임 선생님 말씀보다 학원 선생님의 말씀이 우선이고, 마음껏 놀아야 할 시간에 학원에 가야 하는 현실이 너무 안타깝다.

공부를 하는 이유가 행복한 삶 때문이라면 학습 과정에서 내가 정말로 좋아하는 것이 무엇인지를 발견해야 한다. 내가 무엇을 할 때 가장 즐거운지, 무엇을 할 때 집중하는지를 스스로 발견해야만 한다. 즉, 내가 좋아하는 것이 무엇인지를 발견하는 것이 무엇보다 중요하다. 그런데 이것은 나의 내부를 들여다보지 않고서는 알 수 없다. 즉,

나를 잘 알지 못하고서는 내가 무엇을 좋아하는지, 잘하는지 알 수 없다. 이것이 바로 학원으로 아이들을 내몰아서는 안 되는 이유이다.

자기가 좋아하는 것이 무엇인지 알기 위해서는 스스로 생각할 수 있는 시간을 주어야 하는데, 우리는 불안한 나머지 아이를 학원으로 내몬다. 이 학원 저 학원 선택도 잘하고 포기도 잘한다. 이러한 가운데 아이들은 시간을 낭비하며 자아를 잃어 버린다. 어떤 학원도 나에게 맞지 않는데, 나에게 맞는 학원을 찾기 위해 전전긍긍한다.

자기주도학습은 새삼스러운 말이 아니다. 이전에 우리 세대들은 자기주도학습이라는 용어를 쓰지 않았지만 스스로 공부했다. 학원도 없고, 과외도 거의 없는 상황이었으니까……. 스스로 공부하면서 공부하는 방법을 자연스럽게 터득했던 것 같다. 그런데 요즘 아이들은 스케줄에 따라 움직이는 것에 익숙하다 보니 공부에 있어서도 수동적인 입장이 되어 가는 것같아 무척 안타깝다. 자신이 하는 공부의 주인이 되어 계획을 세우고, 전략을 짜고, 실천하고, 점검하는 연습이 필요하다.

## 학원을 보내야 할지 고민을 시작하다

한글을 깨우치기 시작하면서 복지회관

도서실과 학교 도서실에서 다양한 종류의 도서를 많이 접하게 되었다. 책과 친해지면서 책의 내용에 대해 대화하기를 좋아했고, 그 내용을 일기로 쓰는 것을 즐겼다. 저학년 때에는 교과서와 참고서를 이용하여 부모와 함께 스스로 학습을 할 수 있게 되었다. 하지만 고학년이 될수록 집에서 공부하는 것이 어려워지기 시작했다.

**이유**

❶ 학교시험을 잘 보려면 교과서 외의 다양한 유형의 문제도 풀 수 있어야 한다.

❷ 우리 아이에 맞는 참고서 선택에 어려움이 있었다.

❸ 아이의 인성이 조금씩 완성되는 과정에서 부모와 의견 충돌이 심심찮게 생기기 시작했다.

❹ 수학 선행학습을 한 아이들이 경시대회에 나간다는 이야기를 들었을 때 우리 아이가 너무 뒤처지지 않았는지에 대한 고민이 생겼다.

## 스스로 학습하는 방법을 찾아 고민하다

앞으로 자기에게 필요한 공부를 스스로 찾아서 할 수 있도록 하고 싶었다. 그래서 학원에 보낼 시간을 절약하여 아이에게 좀 더 자유 시간을 주기로 했다. 공부 시간을 스스로 조절하도록 하여 주말뿐만 아니라 평일에도 가족과 함께 즐길 수 있는 시간을 늘려 나가고 싶었다. 그래서 집에서 스스로 학습할 수 있는 더 좋은 방법을 찾기 위해 고민했다.

**결과**

❶ 학원에 가더라도 결국 본인이 깊이 있는 문제를 스스로 해결하지 않으면 아무 소용이 없다고 생각했다.

❷ 인터넷을 검색하거나 발품을 팔아 아이 수준에 맞는 참고서를 선별하였다.

❸ 아이와 의견 충돌이 생기면 무작정 아이에게 명령하거나 강요하기보다 끊임없는 대화를 통해 인내심을 가지고 조금씩 풀어 나갔다.

❹ 선행학습도 중요하지만 학교 수업에 더 충실할 수 있게 예습·복습을 착실히 하도록 하였다.

_김효석(6학년 김성언 학부모)

● 예전에는 학원이 때로는 도움이 되는 것 같았는데, 결국에는 아이 자신의 공부가 되지 않는다는 것을 느끼게 되었다. 그 이후로는 아이를 학원에 보내지 않고 있다.

_김순영(4학년 최정원 학부모)

# (전)구완회 교장 선생님과의 인터뷰를 통해 본 분포초의 자기주도학습법

**|Q|** 스스로 공부할 기회를 주기 위해 어떤 시도를 했나?

**|A|** 학원을 중단하고 스스로 공부하는 기회를 만들기 위해서는 초등학생의 경우 부모의 동의가 우선이기 때문에 가정 통신, 학부모 연수, 담임 선생님과의 소통 등을 통해 끊임없이 설득하였다.

**|Q|** 부모님들의 반응은?

**|A|** 대부분 이론적으로는 맞지만 현실은 그렇지 않다는 이유로 선뜻 시도해보지 않으려고 했다. 학교의 끈질긴 설득에도 불구하고 처음에는 SL 신청자가 14명에 불과했다. 한 학기가 다 지나갈 때까지 신청자 수가 그다지 증가하지 않아서 실망을 넘어 불안하기까지 했다.

**|Q|** 어떤 변화가 있었는가?

**|A|** 그러다가 2011학년도 새 학년이 시작되는 3월부터 신청자가 폭발적으로 증가하기 시작했다. 모든 선생님들이 의아해했다. 뒤늦게 안 사실이지만 그동안 학부모들은 학교의 SL 운영에 깊은 관심을 갖고 운영 과정과 학교의 지속성, 성과 등을 예의주시하고 있었던 것이

다. 많은 학부모들이 SL을 하는 학생들의 공부하는 모습, 학교의 지원, 학력 향상 정도, 지원자 학부모의 만족, 학교 교육 방향의 지속 등을 알고부터 생각이 바뀌고 신뢰를 갖기 시작한 것이다. 참여한 학생들의 생활 태도가 달라지고 즐겁게 공부하는 모습을 보면서 심적인 변화가 생긴 것이라 생각한다. SL 신청 면담에 바빠진 선생님들의 얼굴에 미소가 번지기 시작했다.

**기적의 자기주도학습 솔루션 15**

## 스스로 공부하는 방법을 배워라

운동선수가 오랜 기간의 훈련을 통해 자신의 능력을 온전히 사용하는 법을 발견해야만 비로소 최대의 결과를 얻는다는 것은 상식이다. 학습법을 아는 것도 바로 이와 같다. 즉, 자신의 잠재력을 온전히 사용하여 최소한의 시간과 노력으로 최대의 결과를 얻는 것이다. 효과적인 학습법을 배우면 공부할 때 집중하고, 추리하고, 기억하고, 문제를 분석하고, 논리적인 결론을 이끌어 내는 데 도움이 될 수 있다. 학교 공부를 싫어하는 것은 어쩌면 공부를 즐길 만큼 학습 기술을 충분히 발전시키지 않았기 때문일 수 있다.

# 2부

기적의 자기주도학습!
최초로 SLManifesto를
시작하다

## 내가 변했어요!

요즘 내가 달라졌다는 느낌이 든다.

공부 방법도 알게 되었고, 계획을 세워서 공부도 한다.

그러다보니 공부가 재미있어졌다. SL을 할 때도, 공부를 할 때도 항상 집중해서 한다.

내가 이렇게 변한 이유는 담임 선생님과 자기주도학습, 가이던스쿨 때문이다.

하나하나 알아가면서 차근차근 실천해 나간다면 마침내 공부를 잘하는 학생이 될 것이다.

진정한 Smart Student가 될 것이다.

## 프로젝트 1. Self Learning을 지원하는 맞춤식 수업

> 66 아이들이 좋아하는 주제를 선택해서 수업하라 – 학습 흥미 유발
> 교사가 잘 가르치는 교과를 서로 교환하여 수업하라 – 학습 만족도 향상
> 아이들이 스스로 공부할 수 있도록 수업을 조직하라 – 학습 자신감 99

첫 번째 프로젝트는 Self Learning을 지원하는 맞춤식 수업이다. 학년별 맞춤식 수업 방법에는 수준별 이동 수업, 교과 교환 수업, 주제 선택 수업, 교과 전담 수업, Co-Teaching 등이 있다. 맞춤식 수업을 지원하기 위해 교과별 자기주도적 교수·학습 전략, 자기주도학습 전략 프로그램, 자기주도학습 모형을 개발하여 현장에 적용하고 있다. 학급에서 학생들의 수준이나 학습 특성에 맞는 수업을 적용하면서 공부에 대한 저항감을 없애고 자신감을 갖게 하였다.

# 학년별 맞춤식 수업

학년 내 2~3개 학급 단위로 이동 수업을 실시한다.

- 수준별 이동 수업 : 영어, 수학
- 교과 교환 수업 : 담임 교환 수업
- 주제 선택 수업 : 학습 내용을 학생이 선택
- 교과 전담 수업 : 체육, 영어, 문화 예술 등
- Co-Teaching : 교사 공동 및 보조 교사 활용

| 학년 | 구분 | 개요 |
|------|------|------|
| 1, 2 | 학급 내 수준별 수업 | 전 학급, 전 교과 |
| 3 | 교과 교환 수업 | 2학급 1팀(2-과학, 5-사회) |
| | 주제 선택 수업 | 5학급 2팀(미술 : 제재별 교환 수업)<br>5학급(음악 : 담임 교사와 전담 교사의 영역 선택 수업) |
| | 교과 전담 수업 | 5학급(영어, 도덕) |
| | Co-Teaching | 5학급(음악, 체육) |
| 4 | 교과 교환 수업 | 4학급 2팀(1-사회, 7-국어/5-수학, 6-국어) |
| | 주제 선택 수업 | 4학급 2팀(미술 : 제재별 교환 수업)<br>4학급(수학 : 담임에 의한 단원 평가 후 수준별 추수 지도) |
| | 교과 전담 수업 | 7학급(영어, 과학) |
| | Co-Teaching | 7학급(체육, 국악) |

| 학년 | 구분 | 개요 |
|---|---|---|
| 5 | 교과 교환 수업 | 7학급 3팀(2-수학, 6-사회, 7-국어/1-수학, 5-국어/3-수학, 4-국어) |
| | 주제 선택 수업 | 4학급 2팀(1-음악, 2-과학/4-음악, 6-사회)<br>7학급(수학 : 담임에 의한 단원 평가 후 수준별 추수 지도) |
| | 교과 전담 수업 | 7학급(영어, 과학, 체육, 도덕) |
| | Co-Teaching | 7학급(중국어, 국악) |
| 6 | 교과 교환 수업 | 4학급 2팀(4-사회, 6-과학/5-사회, 7-과학) |
| | 주제 선택 수업 | 3학급 1팀(미술 : 제제별 교환 수업) |
| | 교과 전담 수업 | 7학급(영어, 음악, 체육, 도덕) |
| | Co-Teaching | 7학급(중국어) |

## 맞춤식 수업에 대한 학생들의 의견

### 공부 내용이 쏙쏙 들어온다

맞춤식 수업을 하면서 여러 선생님의 지도에 따라 각 과목을 공부하니까 마치 제가 중학생이 된 것 같았다. 여러 선생님의 지도 방식의 장점들을 모두 섞으니까 공부 내용이 머리에 쏙쏙 들어왔다. 5학년 1반 김리아 선생님께서 우리 반 수학을 가르쳐주셨는데 중간에 게임도 하면서 수업을 즐겁게 진행해주셨다. 맞춤식 수업은 각 과목을 더 자세히 배울 수 있는 장점이 있는 것 같다.

## 선생님 나름대로 가르치시는 많은 공부 방법을 이용할 수 있다

5학년이 되어서 다른 반 선생님과 함께 수업을 하게 되었다. 듣·말·쓰 선생님인 7반 장영우 선생님께서는 각 주제를 정한 후에 그 주제에 대해 차례대로 공부를 가르쳐주신다. 또 사회 선생님인 6반 이미숙 선생님께서는 걸걸(?)한 목소리로 '피라미드' 발표 방식을 사용하여 친구들과 이야기를 많이 하게 해주신다.

음악 선생님인 1반 김리아 선생님께서는 약간의 카리스마(?)를 갖고 우리를 가르치신다. 선생님마다 자신이 제일 잘 가르칠 수 있는 과목을 선택하여 가르치는 방법이 매우 좋다고 생각한다. 선생님 나름대로 가르치시는 많은 공부 방법을 잘 이용하면, 다음에 공부를 잘할 것 같다.

Self Learning Manifesto

분포초등학교

'지해의
자기 주도적 학습!
체험기

5학년 3반 안지해

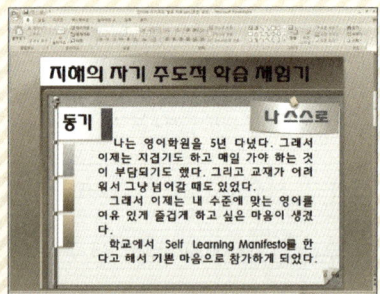

지해의 자기 주도적 학습 체험기

동기

나 스스로

나는 영어학원을 5년 다녔다. 그래서
이제는 지겹기도 하고 매일 가야 하는 것
이 부담되기도 했다. 그리고 교재가 어려
워서 그냥 넘어갈 때도 있었다.
그래서 이제는 내 수준에 맞는 영어를
여유 있게 즐겁게 하고 싶은 마음이 생겼
다.
학교에서 Self Learning Manifesto를 한
다고 해서 기쁜 마음으로 참가하게 되었다.

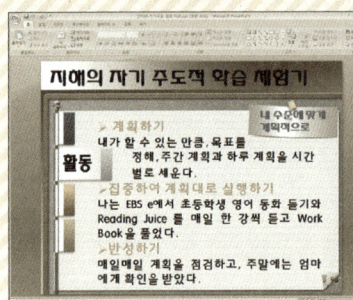

지해의 자기 주도적 학습 체험기

내 수준에 맞게
계획적으로

활동

➤계획하기
내가 할 수 있는 만큼, 목표를
정해, 주간 계획과 하루 계획을 시간
별로 세운다.
➤집중하여 계획대로 실행하기
나는 EBS e에서 초등학생 영어 동화 듣기와
Reading Juice 를 매일 한 강씩 듣고 Work
Book을 풀었다.
➤반성하기
매일매일 계획을 점검하고, 주말에는 엄마
에게 확인을 받았다.

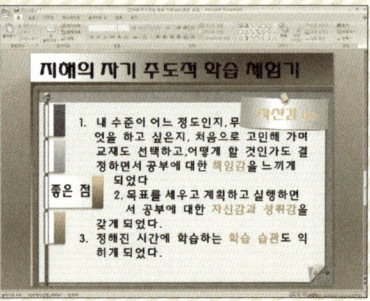

지해의 자기 주도적 학습 체험기

책임감

좋은 점

1. 내 수준이 어느 정도인지, 무
엇을 하고 싶은지, 처음으로 고민해 가며
교재도 선택하고, 어떻게 할 것인가도 결
정하면서 공부에 대한 책임감을 느끼게
되었다.
2. 목표를 세우고 계획하고 실행하면
서 공부에 대한 자신감과 성취감을
갖게 되었다.
3. 정해진 시간에 학습하는 학습 습관도 익
히게 되었다.

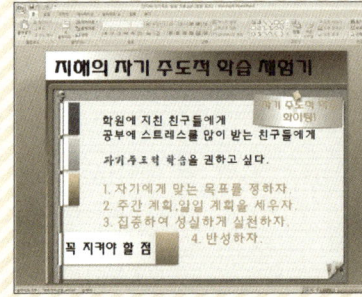

지해의 자기 주도적 학습 체험기

자기 주도적 학습
와이팅!

꼭 지켜야 할 점

학원에 지친 친구들에게
공부에 스트레스를 많이 받는 친구들에게
자기주도적 학습을 권하고 싶다.

1. 자기에게 맞는 목표를 정하자.
2. 주간 계획, 일일 계획을 세우자.
3. 집중하여 성실하게 실천하자.
4. 반성하자.

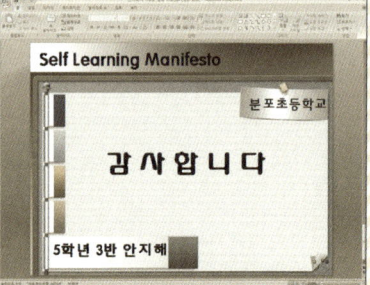

Self Learning Manifesto

분포초등학교

감사합니다

5학년 3반 안지해

# Self Learning 통지문 5월(가정에서)

**이지우(2-1)**　수 개념에 조금 더 신경 쓰도록 하겠습니다. 지우가 모르는 부분이 있으면 이해할 때까지 많은 지도 부탁드립니다.

**안해주(2-2)**　영어가 아직 재미없다고 생각하지만 꼭 참석하라고 해주세요. 아직 재미를 추구하는 나이라 철없이 굴어도 너그럽게 이해해주시길 부탁드립니다. 부담주지 않으려고 학교 영어에 대해서는 잘 묻지 않지만 슬쩍 물으면 곧잘 답도 해줍니다. 길을 잘 열어주시길 부탁드립니다.

**박종민(2-4)**　처음 SL 수업에 참여했을 때보다 산만해진 경향이 있다고 생각합니다. 수업에 가지 않으려고 하기도 해서 좀 더 신경 써서 챙겨보려고 합니다.

**송나현(2-5)**　성격이 차분하고 꼼꼼한 편이라 잘하고 있으리라 생각하지만 아직 저학년이라 선생님께서 자주 챙겨주셨으면 합니다.

**박재욱(2-6)**　일정한 시간 동안 학습에 몰두할 수 있는 학습 습관이 부족합니다. SL 시작 무렵보다 좀 나아지긴 했지만 아직 약속된 시간 동안 공부하는 것을 힘들어 합니다.

**김동은(2-6)**　학습해야 할 과제를 엄마의 도움을 받아 해결하고 있지만 점차 혼자 힘으로 과제 설정을 할 수 있게 되었으면 합니다. SL 덕분에 동은이가 학습에 조금 더 관심을 가지고 잘해야겠다는 생각을 가지고 있는 것 같습니다.

**장예진(2-7)**　　　가정에서 돌보지 못해 조금 미안하기도 합니다. 문제집을 학교에 두고 다녀서 많이 챙겨주시면 고맙겠습니다.

---

**임준영(3-1)**　　　집에서는 자유롭게 이어폰을 끼고 노래를 들으며 숙제나 문제집을 푸는 모습을 자주 보게 됩니다. 주의를 주는데 쉽게 고쳐지지 않는군요. SL 교실에 좀 더 자주 보내야 할 것 같습니다.

---

**김재현(3-1)**　　　기록용지에 기록하면서 자신이 잘하고 있는지 점검하는 습관을 들이도록 지도하겠습니다.

---

**손민기(3-1)**　　　민기는 집에서 국어와 수학을 매일 하고 있습니다. 국어는 그날 배운 내용을 복습하고 수학도 진도에 맞추어 문제집을 꾸준히 풀고 있습니다. 그러나 수학 문제에서 좀 더 자세한 설명 또는 이해가 필요한 부분이 있어 6월부터는 1주일에 하루(수요일)는 학교에서 학습하려고 합니다. 선생님의 성의 있는 지도 부탁드립니다.

---

**유아영(3-2)**　　　가정에서도 매일 영어, 수학 공부를 해 나가고 있습니다. 스스로의 힘으로 문제를 풀어 나가려는 태도가 많이 발전했으며, 정해진 시간에 그날의 공부량을 다 마치고 자유 시간을 갖습니다. 아직 영어는 동화 듣기로만 진행을 하여 단어 쓰기가 많이 약하지만 계속 듣기 위주의 공부를 해 나갈 계획입니다.

---

**김주형(3-2)**　　　스스로 잘하는 편입니다. 성격이 급하여 실수가 잦지만 차분히 공부하는 습관을 기르려고 노력 중입니다.

---

**장현서(3-2)**　　　6월에는 공부의 방법을 조금 달리하여 낮에는 쉬고, 저녁 시원한 시간에 학교에서 학습을 시켜보고자 하니 많은 관심 부탁드립니다.

**김이안(3-3)**　6월 둘째 주부터는 시간 조정을 하여 저녁 시간에 학습이 이루어질 것 같습니다.

---

**허지현(3-3)**　학교 프로그램에 참여하고 있지는 않지만 주 1회 정도로 지현이게 직접 전화를 걸어 주셨으면 좋겠습니다. 그러면 훨씬 적극적이지 않을까 생각합니다.

---

**박진호(3-3)**　선생님의 관심 덕분에 진호가 자기주도학습을 아주 좋아하고 열심히 하려고 노력합니다. 지속적인 관심 부탁드립니다.

---

**조현진(3-4)**　차근차근 규칙적인 학습 생활 습관이 형성되도록 많은 지도와 격려 부탁드립니다.

---

**이장우(3-4)**　차근차근 한 걸음씩 열심히 공부하고, 틀린 것은 가정에서도 다시 한 번 풀어 봅니다.

---

**윤지완(3-4)**　아직 혼자 계획을 세우고 실천 계획표를 적는 것을 힘들어하여 도와주고 있는 상태입니다. 현재는 함께 계획을 세우고 있지만 차츰 혼자서 계획표를 짤 수 있도록 해보겠습니다.

---

**남은욱(3-5)**　공부를 할 때 은욱이 나름대로 우선순위를 정해 학습을 하려고 합니다. 다만 학습 시간에 주로 수학을 많이 하는 것 같아 편향된 경향이 있습니다.

---

**김민지(3-5)**　방과 후 수업 등으로 학교 SL에 참석하지 못하고 가정에서 7시 이후에 학습을 합니다. 아직 자투리 시간 활용 능력이 많이 부족합니다.

# ㈜구완회 교장 선생님과의 인터뷰를 통해 본 분포초의 수업 방법

**|Q|** 기존 수업 방식의 문제점은?

**|A|** 대부분의 초등학교에서는 학급 담임이 전 교과를 가르치고 있다. 초등학교는 인성교육이 우선이고, 담임 선생님의 지도력이 우수해야 한다는 전제 조건이 있긴 하지만 실상은 그렇지 못하다. 그래서 학기 초가 되면 학부모들은 누가 우리 아이의 담임 선생님이 될 것인지에 관심이 많다.

원하지 않는 교사가 담임이 되었을 때는 사교육 의존도가 더욱 높아지고, 학교에 대한 신뢰도 떨어진다. 교과부의 정책이나 학교의 교육 방향보다 실제로 내 아이를 담당한 선생님에 의해 내 아이의 교육이 이루어지기 때문에 어쩔 수 없는 현상이 아닌가 싶다. 학생은 다시 사교육에 내몰리게 되고 억지로 배우기만 해야 하므로 공부에 흥미를 잃는 것은 당연하다.

**|Q|** 맞춤식 수업이 현실적으로 가능한가?

**|A|** 다양한 특성과 개인차를 가진 아이들이 모인 다인수 학급이라는 현실에서 학습자의 요구에 대응하기 위해서는 맞춤식 수업

을 해야 한다. 그러나 학생의 수준, 적성, 요구 등의 개인차를 고려한 맞춤식 수업을 한 사람이 지도한다는 것은 사실상 어렵다. 실제 학교에서는 대부분 같은 학년을 중심으로 교육 활동이 이루어지기 때문에 같은 학년 선생님들의 협력 지도가 이루어지지 않으면 안 된다.

그래서 같은 학년 그룹의 선생님들이 개인의 특성을 살려 한 교과 한 주제만을 연구하여 여러 반 학생들을 집중적으로 가르치면 학생들은 공부에 재미를 느낄 수 있고, 교사의 전문성이 높아질 것이다. 맞춤식 수업은 학생과 학부모의 의견을 듣고 기본적인 방향만 제시하여 같은 학년 선생님들이 주체가 되어 운영하였다.

**Q** 교과 교환 수업에 대해 쉽게 설명하면?

**A** 중·고등학교에서 채택하고 있는 교과 담임제와 유사한 방법으로, 같은 학년에서 2개 이상의 학급 담임이 교과를 전담하고 반을 서로 교체하여 실시하는 수업 방법을 말한다. 일정 기간을 정하거나 학기, 연 단위로 운영하며, 효율적인 인성 지도를 위해 공동 담임을 지정한다. 교과를 전담한 선생님의 반에는 전담한 교과 학습에 필요한 시설이나 자료를 집중 배치하여 지도의 효율을 높인다. 학생들은 교실을 이동하여 수업을 한다. 학생들은 3시간 동안 돌아가면서 전담 선생님의 지도를 받는다.

**Q** 코-티칭(Co-teaching)에 대해 설명해달라.

**A** 학급 내에서 학생의 개별 지도를 위하여 담임과 보조 교사 (전문 강사 또는 학부모 도우미)가 함께 수업을 진행한다. 수업 운영권은 교사에게 있고, 보조 교사는 시범을 보이거나 활동 보조 또는 아동 관리의 일부분을 조력한다. 주로 예·체능 교과, 외국어(영어, 중국어) 수업에 많이 활용한다.

학기 초에는 학부모 도우미의 도움을 받는다. 2개 학급을 통합하여 수업을 진행하고, 2명의 담임이 역할을 달리하여 수업을 진행하는 형태도 있다. 주로 체육이나 발표회, 현장 체험 학습 등에 활용한다.

 학생과의 인터뷰 ────────

**Q** 다른 선생님과 공부해본 소감은?

**A** [과학, 사회 과목] '교과 교환 수업'을 하는 3학년 학생들

– "담임 선생님과 5반 선생님이 각자 더 잘 가르칠 수 있는 과목을 가르쳐주셔서 더 재미있게 배울 수 있다."  _박준서

– "담임 선생님에게만 배우지 않고 다른 반 선생님과도 공부하니

까 새로운 기분이 든다." _이수현

- "선생님마다 다른 방식으로 배워서 좋다." _조혜령

- "다른 선생님과 공부를 하니까 집중이 더 잘된다." _이현지

- "다른 선생님과 생각을 나눌 수 있고, 넓은 생각을 가질 수 있어서 좋다." _윤주희

Ⓐ [국어, 사회 과목] '교과 교환 수업'을 하는 4학년 학생들

- "다른 선생님과 수업을 해보니 기분이 색다르고, 좀 더 집중하게 된다." _김동후

- "2개의 교과를 가르치기 위해 수업 준비하시는 시간이 줄어 좀 더 깊이 있게 가르쳐주실 수 있을 것 같고, 가르쳐주시는 방식과 공부하는 방법이 달라 재미있다." _조위제

Ⓐ [미술 과목] '교과 교환 수업'을 하는 4학년 학생들

- "교과 교환 수업을 하기 전에 3반 선생님께서 어떤 내용을 가르쳐주실지 궁금했는데, 내가 좋아하는 디자인, 공예 등을 가르쳐주셔서 재미있게 공부하고 있다." _김휘소

- "2반 선생님께서는 서예를, 3반 선생님께서는 찰흙공예와 간판 만들기를 가르쳐주시는데, 잘 가르쳐주시니까 좋았다." _이동훈

– "내 서예 실력이 많이 부족했는데, 교과 교환 수업을 통해 서예를 배우게 되어 좋았고, 왠지 교류한다는 느낌이 들었다."

_이현서

– "처음에는 교과 교환 수업이 낯설었지만 다른 반 선생님께서도 친절하게 가르쳐주셔서 서예 실력이 향상되는 것 같아 기분이 좋다."

_장유리

Ⓐ [국어, 수학, 사회 과목] '교과 교환 수업'을 하는 5학년 학생들

– "공부가 더욱 재미있다. 수학은 설명해주실 때 재미있는 예를 많이 들어주셔서 이해가 쉽고, 사회는 프로젝트 위주로 공부하기 때문에 흥미롭다. 새로운 내용을 잘 설명해주신다."

_배준성

– "처음에는 다른 반 선생님과 공부하는 것이 낯설었지만 쉽고 재미있게 잘 가르쳐주셔서 감사하다."

_최성민

– "한 교과를 집중적으로 준비하여 가르쳐주시니까 더 흥미 있는 공부가 되는 것 같다. 다른 선생님들께도 배울 수 있는 기회가 있어 재미있다."

_최재우

Ⓐ [사회, 과학 과목] '교과 교환 수업'을 하는 6학년 4, 5, 6, 7반 학생들

– "교과 교환 수업을 통해 자신 없었던 교과를 좀 더 집중적으로

배울 수 있었고, 담임 선생님이 아닌 다른 선생님과 공부하게 되어서 색다른 경험을 할 수 있었다. 이런 교과 교환 수업은 앞으로 학생들에게 수준 높은 수업을 할 수 있도록 도와줄 것이다."

_한지수

– "여러 선생님들의 다양한 수업 방식을 알 수 있는 기회였다. 선생님들이 더 잘하시는 부분은 더 정확하게 가르쳐주시는 것 같다."

_김예은

– "다른 반 선생님과 함께 수업해서 새로운 느낌이 들고, 그 반 선생님께서 계속 가르치시는 과목을 들으니 좀 더 상세하고 더 넓게 배울 수 있는 것 같아 좋다. 이렇게 수업을 하고 나서 교과서의 내용뿐만 아니라 더 넓은 범위에서도 공부해야 한다는 것을 배웠다."

_김수민

– "우리가 늘 하던 것과 다른 공부 방법을 알게 되어 좋았다. 그날 공부한 것을 노트에 정리해보는 것은 공부 내용을 더 효과적으로 기억할 수 있게 도와주었다. 교과 교환 수업은 단순히 다른 선생님과 공부하는 것이 아니라, 새로운 공부 방법을 터득하게 해주는 좋은 수업이라고 생각한다."

_최이고니

## 교사와의 인터뷰

:: 진귀희 선생님

**Q  맞춤식 수업에 대한 소감은?**

**A**  담임을 맡고 있는 학급의 아이들을 대상으로 거의 전 과목을 가르치는 초등학교의 특성상 특별한 경우가 아니면 다른 학급의 아이들과 공부하는 기회는 아주 드물다. 처음에는 서로 낯설기도 했지만, 남의 반 아이들을 가르친다는 부담도 있어 수업에 대한 연구나 준비도 철저히 했다. 그러다 보니 좋은 수업이 되었고, 아이들도 재미있게 공부하게 되었다.

**Q  아이들의 반응은?**

**A**  대부분의 아이들이 담임이 바뀌는 것을 아주 좋아한다. 그런데 몇몇 아이들은 오히려 불안을 느끼는 경우도 있다. 주로 내성적인 아이들이 많다. 어느 정도 시일이 지나면 괜찮지만……. 저학년에 적용하는 데는 어려움이 많을 것이다. 중학년 이상이 알맞고, 고학년으로 갈수록 선호도가 높아진다.

:: 조선자 선생님

**Q** **가장 효과적인 맞춤식 수업은?**

**A** 아이들이 제일 좋아하는 맞춤식 수업은 '주제 선택 수업'이다. 주제에 대한 선호가 같은 친구들이 함께 공부하니까 더 재미있어 한다. 더욱이 다른 반 친구들과 함께 공부하는 것도 신이 나는가 보다. 공부에 재미가 있으니까 수업 분위기도 좋고, 학습 효율도 매우 높아졌다. 한 반에 너무 많은 학생들이 몰릴 때는 '주제 구성을 잘못 했구나'하는 생각도 하게 된다.

기적의 자기주도학습 솔루션 16

# 책 읽기는 자기주도성을 키우는 진정한 힘

학생들에게 효과가 검증된 다양한 학습 전략과 학습 방법을 실천하도록 한 결과, 자기주도학습 능력을 기르는 데는 책 읽기보다 더 확실한 방법은 없었다. 학생들이 공부를 한다는 것, 정보를 수집한다는 것은 책을 읽는 행위를 빼놓고는 상상할 수 없는 일이다. 책 읽기를 좋아하지 않고, 책을 스스로 잘 읽지 않는 사람은 무기가 없는 사람과 같다. 연구 결과, 독서와 관련된 생활 습관이 자기주도학습 태도와 성적 향상에 직접적인 영향을 주는 것으로 밝혀졌다.

## 프로젝트 2. 자기주도학습 방법의 학습, 가이던스쿨에서 배우다

66 교과를 스스로 공부하는 방법에 관한 매뉴얼을 개발하여 적용했다
자기주도학습 방법을 단기에 집중 지도할 수 있는 프로그램을 운영했다
공부하는 방법의 가이던스북을 학생 – 학부모 – 교사가 같은 방법으로 공부하고 지도했다 99

## 분포초의 자기주도학습
## 지도법

자기주도학습은 초등학교에서 체계적
으로 이루어져 습관화되어야 한다. 아니, 그 이전에 이루어지도록 하
는 것을 권하고 싶다. 아무리 스스로 공부하고 싶어도 방법을 모르
면 효과가 없고, 흥미도 잃는다. 자기주도학습 방법은 다양하게 개발
되어 있고, 대부분 학교 교육과 차별화된 방법을 알려주어 당장 행
동 변화가 나타나는 듯하지만 실생활에서 활용하지 않으면 습관화

되지 않는다. 즉, 학교에서 가르치는 방법과 사교육에서 가르치는 방법, 부모가 가르치는 방법이 각기 다르면 효과는 전혀 기대할 수 없다.

분포초에서는 학교에서 운영하는 자기주도학습 프로그램 내용, 부모가 지도하는 내용을 동일하게 구성하여 지도하고 있다. 이를 위해 학생들에게 자기주도학습 방법을 직접 가르치는 가이던스쿨을 운영하여 교사와 학부모가 실제로 가르치는 모습을 보면서 지도 내용과 방법을 배워 학급과 가정에서 동일한 방법으로 가르치도록 하였다.

'프로젝트 2. 자기주도학습 방법의 학습'은 2단계로 진행하였다. 1단계는 학교 속의 작은 학교인 '가이던스쿨'을 통해, 2단계는 학급별 '단계별 자기주도학습법 지도'를 통해 배우고 익힌다. 가이던스쿨과 단계별 자기주도학습법은 어떻게 운영되는지 알아보자.


## 1단계.
## 가이던스쿨 수업

먼저 가이던스쿨의 목적은 학생, 교사, 학부모가 동일한 내용의 연수를 통해 가정과 학교에서 일관성 있는 자기주도학습 방법을 익히고자 하는 것이다. 주별로 참여 희망자 30명 정도를 두 그룹으로 편성하여 학년을 순환하면서 연간 지속적으로 운영한다.

주 5일 프로그램으로, 월~금요일, 16:30~18:00, 1일 2시간씩 총 10시간 수강을 하여 자기주도학습 방법을 학습한다.

연수는 참관실에서 진행하는데, 교사와 학부모가 가이던스쿨 실제 지도 장면을 직접 참관하면서 연수를 실시한다. 여기서 참관실이란, 학생의 교육에 방해가 되지 않는 '편방향 투명 교실'을 말한다. 교사는 의무적으로 연간 초·중급반 2주를 선택하여 20시간 집중 연수를 하고, 학급에서 실제 지도를 하도록 한다. 연수를 받은 학부모는 가이던스쿨 강사 및 SL 보조 지도자로 활동한다.


**가이던스쿨 안내**

❶ 학기별, 학년별로 희망자를 두 그룹으로 나누어 진행한다.
  ⁃ 개강식에는 학교장, 교사, 학부모가 참여하여 아이들을 격려한다.
❷ 초급반, 중급반, 고급반으로 나누어 수준별 수업을 한다.
  ⁃ 교재는 발달 단계에 맞추어 고·중·저학년용으로 구분한다.
  ⁃ 중급반은 자기주도학습 경험 발표, 토의, 그룹별 학습 훈련을 한다.
❸ 주 5일간 1일 2시간씩(16:30~18:00) 총 10시간 동안 진행한다.

➍ 전문성을 가진 학교 교사 및 초빙 강사들이 지도한다.

➎ 자기관리 기술, 학습 방법, 정보 탐색·활용법 등을 지도한다.

➏ 수료증을 수여하고, 교재 및 간식을 제공한다.

- 과정을 마친 아이들에게는 참여 소감이 적힌 수료증을 수여한다.

## 교사·학부모 가이던스쿨 안내

➊ 교육의 일관성을 위해 학생, 교사, 학부모가 같은 내용의 연수를 받는다.

➋ 가이던스쿨 실제 지도 장면을 참관실을 통해 직접 관찰하면서 연수를 받는다.

➌ 교사는 초급반, 중급반으로 나누어 연간 2주간(20시간) 집중 연수를 한다.

➍ 수료증을 받은 학부모는 가이던스쿨 강사, SLM 보조 지도자로 활동한다.

## 어떤 효과가 있었는가?

➊ 학생과 학부모가 자기주도학습에 대한 중요성을 인식하게 되었다.

➋ 가정에서 스스로 학습하는 시간이 현저하게 늘어났다.

- 학생 1일 자기주도학습 시간 최장 학교로 선정(부산광역시교육청)

❸ 자기주도학습 습관이 일상생활에 자연스럽게 정착되었다.

❹ 사교육 의존도가 현저하게 감소하였다.

❺ 교사의 전문성이 신장되었고, 학교 교육의 신뢰도가 높아졌다.


**학부모의 말 말 말**

5일이라는 짧은 기간 동안의 참여가 이렇게 큰 변화를 가져오리라고는 예상하지 못했다.

．
．
．

가이던스쿨이라는 생소한 말에 궁금하기도 해서 아이와 함께 참여해보기로 했다. 가이던스쿨 프로그램은 첫날부터 아이가 다음 날을 기다릴 정도로 흥미진진했다. 가이던스쿨은 아이에게 많은 변화를 가져왔다. 5일 동안 참여하면서 '그냥 선생님 설명만 듣고 원래대로 돌아가겠지'라고 여겼던 내 자신이 부끄러웠다.

아이의 변화된 모습은 크게 세 가지로 요약할 수 있다.

첫째, 모든 학습의 시작인 확고한 꿈이 생겼다. 가이던스쿨을 통해 그 꿈을 이루기 위한 구체적인 계획을 세워봄으로써 아이 스스로가 좀 더 잘할 수 있다는 의지를 강하게 보였다.

둘째, 2학기에 접어들면서 문제집은 더 이상 우선순위가 아니었다. 특히 국어, 사회, 과학을 교과서로 어떻게 공부해야 하는지를 알고 나서부터는 그 어떤 책보다 교과서를 중요하게 생각하는 것이 눈에 보였다. 수학 과목의 오답 정리 노트 또한 그러하였다. 항상 한두 개씩은 틀려오던 과목이 혼자 교과서로 공부하면서 100점을 받아왔다. 너무 놀라웠고 대견스러웠다. 깨끗하기만 했던 교과서가 여러 색깔의 펜으로 줄이 그어져 있고, 체크도 되어 있는 제법 손때 묻은 책으로 바뀌었다.

셋째, 그날 배운 부분의 복습과 예습을 매일매일 정리하는 '스스로 학습 노트'를 작성하기 시작했다. 어느새 노트가 가득 메워졌고, 노트도 가이던스쿨에서 배웠던 방법대로 정리되어 있었다. 5일이라는 짧은 기간 동안의 참여가 이렇게 큰 변화를 가져오리라고는 예상하지 못했다.

_허정은(4학년 장유리 학부모)

## 학부모 가이던스쿨 "너무도 소중한 경험"

:
:

고니는 예전부터 책을 많이 좋아했고, 지금도 틈만 나면 책을 읽기 때문에 특별히 다른 요구는 하지 않는다. 다만 어떻게 해야 아이의 학습에 도움이 될지, 효율적인 자기주도학습법이 무엇인지 궁금해하던 차에 학교에서 마련한 학부모 가이던스쿨 프로그램에 참여하게 되었다.

고니의 중학교 입학을 앞두고 학부모로서 무엇을 준비해야 될지 조금 막막해하고 있었는데, 가이던스쿨 프로그램을 통해 그동안 고니와 내가 실천해왔던 여러 가지 경험들이 나름대로 의미가 있는 것이었다는 확신을 가지게 되었다.

_최용수, 이진경(6학년 최이고니 학부모)

### 자기주도학습 방법의 '대원칙'  Tip

모든 교육이 그러하듯 특정한 자기주도학습 방법이 있는 것이 아니다

1. 한 가지 방법을 선택하라.

2. 모든 상황에 지속적으로 활용하라.

3. 자기 것으로 만들어라.

# 2단계. 단계별 자기주도학습법 지도

가이던스쿨 연수에서 익힌 자기주도학습 방법을 모든 학급의 담임 선생님들이 학년별 단계에 맞게 재구성하여 지도한다. 자기주도학습 방법은 창의적 체험활동 시간에 학급별로 연간 10시간 동안 지도한다. 가이던스쿨 교재와 가이던스북을 전교생에게 배부하여 학급과 가정에서의 지도 자료로 활용한다. 자기주도학습 방법을 국어, 수학, 영어, 사회, 과학 교과에 직접 적용하여 스스로 교과 공부를 하는 방법을 익히도록 한다.

## 단계별 자기주도학습 방법 지도 안내

❶ 전 학년을 대상으로 학급별 단계에 맞게 재구성하여 지도

❷ 국어, 영어, 수학 자기주도학습 방법을 지도

　- 2012학년도에는 사회, 과학을 추가하여 지도

❸ 창의적 체험활동 시간에 배정·활용하여 학급별 연간 10시간 지도

❹ 지도 교재는 자체 제작하여 전교생에게 배부·활용

　- 자기주도학습 가이던스북 제작 : 교재 활용을 위한 교사·전교생 학부모 연수

　- 가이던스쿨 지도 교재를 저·중·고학년용으로 구분하여 제작

－ 셀프 리더십을 위한 워크북 '미래로'를 학년별로 제작

❺ 시교육청 자기주도학습 추진 방향과 연계하여 운영 : 플래너 활용 등

❻ 자기주도학습법 가이드북 제작·활용 : 전교생에게 배부, 교과별
자기주도학습 방법 안내

－ 2011학년도 국어·영어·수학 학습 매뉴얼 개발(점진적으로 교과 확대)


## 교사 연수, 어떻게 진행하는가?

❶ 가이던스쿨 초급 10시간 연수

❷ 가이던스쿨 중급 10시간 연수

❸ 사이버 연수 30시간 이상(의무)

❹ 연간 15시간(특수 기관 직무 연수 운영)


## 자기주도학습 단계별 지도 내용

:: 입문 단계

❶ 자기주도학습의 중요성 알기

❷ 나의 학습 습관 진단 후 처방하기

❸ 나를 바로 알고 자신감 기르기

❹ 내 꿈을 찾고 실천 전략 세우기

## :: 배우기(學) 단계

❶ 시간 관리 기술 배우기

❷ 플래너 작성하고 활용하기

❸ 효과적인 독서 전략 세우기

❹ 코넬식 노트 정리법 배우기

❺ 가정 학습 노트에 기록하기

❻ 오답 노트 작성하고 활용하기

❼ 정보 관리 기술 익히기


## :: 익히기(習) 단계

❶ 교과별 교과서로 공부하기

❷ 교과별 문제집으로 공부하기

❸ 교과별 도움 사이트 활용하기

❹ 스스로 공부하기

## 혼자 스스로 계획을 세우고 실천해 나가는 모습

:
:

엄마가 잔소리하지 않아도 혼자 스스로 계획을 세우고 차근차근 실천해 나가는 모습이 너무 대견스럽다. 어느 월요일 아침, 선민이 공부방에 새벽부터 불이 켜져 있어 깜짝 놀라 문을 열어보니 혼자 책상에 앉아 무엇인가를 열심히 하고 있었다. "뭐해?"라고 물으니 "주말에 하지 못했던 공부가 밀리면 안 되기 때문에 아침에 일부러 알람에 맞춰 일어났어요!"라고 말했다. 그리고 얼마 후 기말고사에서 사회, 과학, 영어 100점을 맞았다. '자기주도학습'이 우리 아이의 습관을 바꾸어 놓은 것 같다.

_박정희(3학년 이선민 학부모)

## 학급 지도용 SL 프로그램

### 1. 셀프 동기부여

꿈(진로)과 목표 찾기, 닮고 싶은 위인 선정, 나의 미래 모습, 자기주도적 생활의 필요성, 다양한 사례 알기

## 2. 셀프 리더십

나의 습관에는 어떠한 것들이 있는지, 자신을 좀 더 잘 통제하기 위한 노력이 왜 필요한지, 자제심과 끈기는 어떤 결과를 가져오는지를 배운다.

## 3. 자기사명 선언문

자기의 삶에 대한 구체적 사명서를 작성하여 스스로에게 동기를 부여하고 각오를 다진다. 즉, 메니페스토(많은 사람들에게 자신의 의지를 알리는 것)를 말한다.

## 4. 시간 관리

자기주도학습은 철저하고 효율적인 시간 관리에서부터 시작된다. 낭비되는 시간에는 어떤 것이 있으며, 시간을 어떻게 활용해야 하는지를 학습한다.

## 5. 예습·복습

예습·복습의 중요성을 알고, 그 구체적인 실천 방법을 배워 실천한다. 이 과정을 마치고 나면 혼자 공부하는 시간이 두렵지 않게 된다.

## 6. 능동적인 수업 참여

선생님이 수업을 진행하는 동안의 수업 태도가 바로 성적의 일차적인 원인이다. 효율적인 학습이 되기 위해서는 수업 시간에 어떻게 해야 하는지를 배우고 그것을 실제로 활용하여 능동적인 수업 참여를 이끌어 내는 과정이다.

## 7. 창의적인 문제 해결 능력

스스로 학습하면서 학력을 향상시키고 자기주도학습 능력을 높여 나간다. 스스로 학습할 수 있는 다양한 온·오프라인 자료와 정보를 제공하고, 적절한 보상과 강화를 한다. 학교, 가정, 보조 교사 등의 입체적인 지원이 필요한 시기이다.

## 8. 건강 관리

올바른 자세와 스트레칭, 체조 등을 통해 장시간 동안 집중력을 유지하고, 몸의 유연성과 긴장감을 풀어주는 프로그램을 통해 학습 효율을 높인다. 이 과정은 전체 과정에 부분적으로 포함할 수 있다.

| 주 | 월/일 | 주제 | 주요 지도 내용 |
|---|---|---|---|
| 1 | 3/21(월) | SL 오리엔테이션 | SL 전체 안내/학습 장소 및 좌석 배정(요일별)/학습 시간 확인/담당 선생님 안내/시설 활용 안내/취미 교실 협의/개별 학습 |
| | 3/22(화) | 학습 방법 확인 | 개인별 교과별 학습 방법 확인/교재 활용법 확인/학습 습관 분석/개별 학습 |
| | 3/23(수) | 학습 방법 협의 | 바른 학습 습관 안내/교과 학습 계획(1교과)-학습 스케줄 세우기/정보 활용의 기본/개별 학습 |
| | 3/24(목) | 개별 학습 | 개별 학습/학습 방법 개선 지도/학습 지도/정보 활용법/메모 및 노트 활용법 |
| | 3/25(금) | 개별 학습 | 개별 학습/개별 맞춤 학습법 지도/학습 지도/메모 및 노트 활용법/학습에 대한 평가 및 반성 |

▲ SL 지도 계획표의 예

교사와의 인터뷰

Q 자기주도학습을 효과적으로 실천할 수 있었던 가장 근본적인 원인은?

A 우리 학교의 자기주도학습은 가이던스쿨에서 출발한다. 학생뿐만 아니라 교사, 학부모 모두가 가이던스쿨에서 자기주도학습 방법을 배운다. 학생들은 가이던스쿨에서 학습한 후 자기주도학습에 도전하고, 선생님들은 가이던스쿨에서 연수한 내용을 학급에서 교과

학습에 적용하고, 학부모들은 가이던스쿨에서 학생들을 가르치는 모습을 직접 보면서 익힌 대로 가정에서 자녀를 지도한다. 결국 학생, 교사, 학부모가 일관성 있게 자기주도학습 방법을 실천한 것이 효과적이었다고 생각한다.

_장영우 선생님

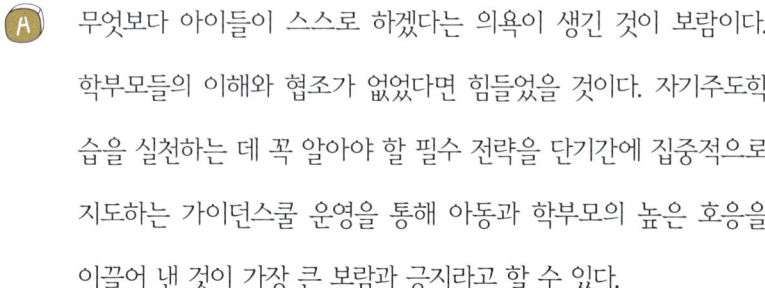

**Q** 자기주도학습을 실천하면서 가장 보람을 느낀 점은?

**A** 무엇보다 아이들이 스스로 하겠다는 의욕이 생긴 것이 보람이다. 학부모들의 이해와 협조가 없었다면 힘들었을 것이다. 자기주도학습을 실천하는 데 꼭 알아야 할 필수 전략을 단기간에 집중적으로 지도하는 가이던스쿨 운영을 통해 아동과 학부모의 높은 호응을 이끌어 낸 것이 가장 큰 보람과 긍지라고 할 수 있다.

_신정희 선생님

### 학생이 말하는 가이던스쿨

:: **가이던스쿨이 나에게 준 선물**

가이던스쿨은 나에게 엄청난 선물을 주었다. 가이던스쿨에서 혼자서 공부하는 방법을 배워 실천해본 결과 수학 점수가 30점 이상 올랐고, 다른 과목도 점수가 많이 올랐다. 성적도 그렇지만 공부하는 것이 재미있다. 전에는 공부하는 것이 너무 힘들었는데. 가이던스쿨은 세계적으로 우리 학교에서 처음 하는 것이기에 어쩔 수 없었지만 좀 일찍 이런 것을 배웠더라면 좋았을 텐데…….

우리 학교에는 다른 학교보다 특별한 게 참 많다. 다른 프로그램도 좋지만 점수를 매기면 가이던스쿨이 1등이다. 가이던스쿨 98점, 동아리 활동 93점, 맞춤식 수업 91점, SLM 90점, 독서 릴레이 89점, 이것이 내가 매긴 점수이다.

역시 가이던스쿨이 짱이야!　　　　　　　　　　_5학년 강태호

## :: 작은 꿈을 큰 꿈으로 만드는 가이던스쿨

R=VD라는 것을 아니? 모르면 가이던스쿨에 와서 배워! 나는 가이던스쿨 2기를 다녔다. 선생님과 엄마, 아빠들도 배우는 가이던스쿨에서 꿈을 배웠다. 작은 꿈을 키워 미래의 큰 꿈을 만드는 방법을 배웠다. 이 프로그램은 내가 평소에 알지 못했던 과목별로 스스로 공부하는 방법을 배웠으며, 내가 왜 공부를 하는지를 확실히 알게 되었다. 이제 나 스스로 노력해서 나의 꿈을 이루겠다는 자신이 생겼다.

남은 것은 나의 노력에 달려 있다. 가이던스쿨에 아직 참여하지 않은 친구들이 왠지 가엾다.　　　　　　　　　_5학년 서진아

**기적의 자기주도학습 솔루션 17**

# 무엇이든 21일 동안 계속하면 습관이 된다

어떻게 하면 매일 규칙적으로 공부하는 습관을 몸에 배게 할 수 있을까? 습관을 만드는 '21일 법칙'이 있다. '무엇이든 21일 동안 계속하면 습관이 된다.'는 법칙이다. 21일 법칙은 신비한 생리적 원리이다. 21일간 꾸준히 반복하면 하나의 습관이 된다. 대부분의 아이들은 공부 습관을 바꾸는 과정에서 당연히 나타나게 마련인 스트레스와 고통을 잠깐 경험하고는 불과 며칠 만에 새로운 공부 습관을 만들려는 노력을 포기하고 만다. 그래서 작심 3일이라고 한다. 그러나 작심 3일도 일곱 번만 넘으면 21일이 된다.

## 프로젝트 3. 단계별 독서 교육을 통한 자기주도학습 능력 신장

> **66** 정규 교육과정 시간에 학년별로 단계에 맞게 지도했다
> 독서와 연계하여 토의–토론·논술을 종합적으로 지도했다
> 독서 내용을 국어과 평가문항에 적용하여 독서에 대한 집중력을 높였다 **99**

　우리는 살아가면서 필요한 정보를 책을 통해 얻는다. 따지고 보면 인터넷의 정보도 책의 한 종류인 셈이다. 선생님으로부터 배우는 것도 책이라는 교재를 중심으로 이루어진다. 특히 자기주도학습에서는 독서를 빼 놓을 수 없다. 어린 시절부터 독서를 즐겁게 하는 습관을 지니고 효과적으로 독서하는 방법을 익혀 평생학습 사회에 적응하도록 해야 한다. 독서를 하는 목적은 정보를 얻는 것이다. 하지만 단지 독서를 하는 데 그치지 않고 책에서 얻은 정보를 효과적으로 활용하기 위해서는 서로의 생각을 나누면서 정보를 유익하게 활용

할 수 있어야 한다.

독서를 통한 정보는 말과 글로써 나타낼 때 비로소 정보로서의 가치가 생긴다. 그래서 분포초에서는 자기주도학습 능력을 키우기 위해 독서(읽기) → 토의·토론(말하기·듣기) → 논술(짓기) 교육을 교과와 창의적 체험활동 시간을 활용하여 연간 지속적으로 운영하였다.

## 독서(읽기) :
## 연간 학급별 8시간

학년 수준에 맞는 도서를 선정하여 학급별로 40권씩 구입하였다. 이후 교과나 창의적 체험활동 시간 중 연간 8시간을 할애하여 독서를 하도록 하였다. 책을 읽는 방법을 학년 수준에 맞게 다양화하여 독서에 흥미를 갖게 하였다.

예를 들어 혼자 읽기, 친구와 함께 읽기, 선생님이나 친구가 읽어 주기 등이다. 1~2개월 단위로 같은 학년, 학급별로 교환하여 읽는다. 읽는 장소를 교실, 도서관, 야외, 체험학습 시 차량 내 등으로 다양화하여 언제 어디서나 독서를 생활화하는 습관을 만드는 데 최선을 다했다.

- 선생님, 친구와 책 읽기(이야기 들려주기)
- 학급별로 동일 도서를 구입하여 1~2개월 단위로 교환하면서 활용한다(38종).
- 도서관 활용 수업 : 자기주도학습 능력 향상(학급별 연 4회 이상)
- 학년별 독서일 지정 운영 : 도서실, 야외, 자율 학습실(주 1회)
- 독서 캠프 운영(방학), 자율 도서 대출제 시행(4~6학년)

## 토의·토론(말하기) : 연간 학급별 8시간

학급에서 교과나 창의적 체험활동 시간 중 연간 8시간을 할애하여 읽은 도서의 내용을 중심으로 학년 수준에 맞게 발표, 토의, 토론 학습을 하였다.

| 저학년 | 발표 수업 | • 독서 내용의 일부분을 육하원칙에 따라 이야기하기<br>• 읽은 내용을 사실대로 이야기하기<br>• 책의 내용에 대한 내 생각 말하기 |
|--------|-----------|------|
| 중학년 | 토의 중심 | • 이야기의 줄거리 간추려 말하기<br>• 글 속에 숨은 내용(알게 된 점) 토의하기<br>• 독후 감상에 대한 내 생각 말하기 |
| 고학년 | 토론 중심 | • 등장인물에 대한 비평(토론)하기<br>• 줄거리 또는 인물에 대한 나의 생각을 근거를 바탕으로 주장하기<br>• 서로의 생각(느낌) 토론하기 |

## 논술(짓기) :
## 연간 학급별 8시간

　　　　　　　학급에서 교과나 창의적 체험활동 시간 중 연간 8시간을 할애하여 읽은 도서의 내용을 중심으로 학년 수준에 맞게 내용 요약하기, 내용 바꾸기, 창작 글쓰기, 논술 등의 짓기를 하였다. 학생들이 글짓기한 자료는 학급별로 책을 만들어 도서관에 비치하고 학습 자료로 활용하였다.

| 저학년 | 내용 요약 | • 읽은 책 내용 요약(그림, 낱말, 간단한 문장)<br>• 마음에 남는 내용 적기(단어, 그림, 문장 발췌하여 기록하기)<br>• 등장인물의 행동 써보기 |
| --- | --- | --- |
| 중학년 | 내용 바꾸기 | • 등장인물의 성격을 글로 쓰기<br>• 내용 바꾸기(단어 → 문장 → 문단)<br>• 등장인물과 대화글 쓰기, 댓글 달기 |
| 고학년 | 창작 글쓰기 | • 다양한 방법으로 창작 표현하기(5행시, 만화, 단편, 문단)<br>• 창작 동화 쓰기(단순 창작 → 주제에 맞는 창작)<br>• 논술형 글짓기(보도문, 설명문, 주장하는 글 등) |

　　이 밖에도 읽은 책의 내용을 국어과 단원 평가 및 성취도 평가 문항에 20% 내외로 적용함으로써 바른 독서 습관이 형성되도록 하였다.

## 교사와의 인터뷰

**Q** 단계별 독서 교육의 효과?

**A** 체계적인 독서 교육은 사고의 폭을 넓히는 데 많은 도움이 된다. 학급 아동 전체가 같은 책을 읽고 토의·토론과 글짓기를 하면서 '이렇게도 생각할 수 있구나!', '같은 내용을 이렇게도 표현할 수 있구나!'하고 눈을 반짝일 때는 교사로서 흐뭇하기도 하고, 아이들의 무한한 사고력에 감탄하기도 했다. 독서한 책의 내용을 국어 시험 문제로 출제한 적이 있었는데, 학생들이 깊이 생각하며 엄청나게 꼼꼼히 읽는 모습을 보고 적당히 읽던 독서 습관이 완전히 바뀌었음을 느낄 수 있었다. 독서 습관이 바뀌면 공부하는 태도가 달라지고 집중력도 굉장히 높아진다.

_이미숙 선생님

## 학생이 말하는 독서 릴레이

**:: 어떤 동화책에서 시험 문제를 내나?**

독서 릴레이를 하니 평소에 많이 읽지 못했던 책을 읽어서 좋다. 또 같은 책을 읽으니까 읽은 책의 내용에 대해 토의·토론을 하면서 친구들의 생각이 나와 같은지, 다른지를 알아볼 수 있어서 좋다. 지금까지는 교과서에서만 시험 문제가 나왔다. 그런데 이제는 우리가 읽은 책에서도 시험 문제가 나온다. 처음에는 무슨 동화책에서 시험 문제를 내나 하고 이상하게 생각했지만 그게 얼마나 공부에 도움에 되는지는 뒤늦게 알게 되었다. 여간 꼼꼼하게 읽지 않으면 안 된다. 독서 릴레이 때문에 국어 교과서나 시험 문제를 읽을 때 꼼꼼하게 읽는 버릇이 생겼다. 꼼꼼하게 읽으니까 집중하게 되어 시간 가는 줄 모른다.

_5학년 이채은

## :: 독서 릴레이는 어떤 것이고, 독서 릴레이를 하면 독서 습관을 고칠 수 있나?

우리 학교에서는 《나쁜 어린이표》, 《우리는 한편이야》 등과 같은 재미있는 책을 전체가 한 번씩 읽고 다음 반에, 또 읽고 다른 반에 전달하는 독서 릴레이를 하고 있다. 또 읽은 다음에는 문제 풀이도 한다. 예를 들어 '조상들은 어떤 도구를 썼을까?'를 한다면 농사 도구 중에서 생각나는 것을 써야 한다. 그 문제를 잘 풀기 위해서는 책을 잘 읽어야 한다. 또 책을 읽고 친구들과 서로 이야기를 하기도 하고 맨 뒷장에 추천의 글을 쓰기도 한다. 그러기 위해서는 다른 사람보다 더 신경을 써서 읽어야 한다. 책을 대강대강 읽던 내가 독서 릴레이 때문에 자세히 읽는다. 자세히 읽으니까 독서가 점점 재미있어지고 공부에도 자신이 붙는다. _3학년 김나희

## :: 다른 친구들도 다 그렇대

독서 릴레이는 재미도 있고 좋은 점도 정말 많아.

같은 책을 읽고 친구들과 생각을 비교해 볼 수 있어.

→ 생각이 깊어져.

남보다 더 잘 읽으려고 천천히 읽게 돼.

→ 내용을 자세히 알게 돼.

책 읽는 것이 재미있어져.

→ 책을 점점 많이 읽게 돼.

호기심과 상상력이 커져.

→ 새로운 아이디어가 잘 떠올라.

독서 시간이 많아져.

→ 텔레비전이나 컴퓨터 게임을 적게 하게 돼.

→ 그래서 공부도 재미있어지고 성적도 올라가.

→ 나만 그런 줄 알았는데 다른 친구들도 다 그렇대.

_3학년 박세린

# 좋은 교육 환경이 세계적인 인물을 만든다

아이는 부모가 좋은 교육 환경을 조성해줄 때 성공할 가능성이 더 커진다. 블룸은 피아노, 조각, 수영, 테니스, 수학 분야에서 탁월한 성취를 나타낸 세계적인 인물의 교육 환경에 대하여 조사하였다. 그 결과, 몇 가지 공통적인 교육 환경이 있었음을 발견하였다. 먼저 그들의 재능 발달은 재미있고 흥미 있는 놀이 수준에서 시작되었고, 그 이후에 오랜 기간 동안 집중된 훈련과 노력이 뒤따랐으며, 높은 성취를 향하여 동기가 부여되었다는 점이다. 그들의 가정은 열심히 노력하는 습관과 태도가 형성될 수 있는 환경이었다.

**04**

## 프로젝트 4. 자기주도학습 협약 프로그램 운영(SLM)

> 학생 스스로 정한 학습 계획을 부모와 교사가 함께 약속하고 실천하게 하여 습관을 길렀다
> 공부하는 시간·장소·방법을 학생 스스로 정하도록 해 올바른 공부 습관을 만들었다
> 가정과 학교가 연계하여 인력과 시설을 최대한 지원했다

자기주도학습 협약 프로그램(Self Directed Learning Manifesto, SLM)을 운영하는 목적은 자기주도학습 능력을 높여 학생 스스로 학력을 관리할 수 있도록 하는 데 있다. 사교육에 의존하지 않고 자신 또는 가족과 함께 학습하는 약속을 정해 실천하며, 그 성과에 따라 보상과 강화를 해주는 것으로, 궁극적으로는 공부 습관을 잡아주는 데에 목적이 있다.

## 스스로 공부를 해보겠다는 학생과 학부모, 담임 선생님, 학교장과의 회의

**학생**　　　"학원을 중단하고 스스로 해보겠어요."

**학부모**　　(학생의 강한 의지에 학부모들도 흐뭇한 표정을 짓는다.)

　　　　　　"우선 석 달만 해보자."

**학생**　　　"1년은 해볼께요."

　　　　　　(학생과 학부모가 학습 기간을 두고 흥정을 한다.)

**담임 선생님**　(중재) "6개월로 하자."

　　　　　　(국어, 수학 두 과목을 6개월 동안 공부하기로 결정한다.)

**학생**　　　"월~금요일. 오후 2~5시에 학교 자기주도학습실에서

　　　　　　교과서와 문제집으로 공부하겠어요."

　　　　　　(학생의 의견을 존중하여 그렇게 하기로 결정한다.)

**학부모**　　"학원 수강료 240만 원(월 40만 원×6개월)을 절약할 수 있

　　　　　　으니까 성공하면(80% 이상의 참여와 학력이 떨어지지 않는 것)

　　　　　　50만 원을 보상으로 주겠다."

**학생**　　　"돈보다 방학 때 3일 동안 여행을 보내주세요."

**담임 선생님**　(중재) 부모의 보상은 20만 원과 여행 3일로 하자(그렇게

　　　　　　하기로 결정한다.).

**학교장**　　"학교에서 주관하는 여름방학 캠프 무료 참가권과 학

습 교재를 제공하겠다."

(학생, 학부모, 담임, 학교장이 공동으로 협약서를 작성한다.)

**학교**    "협약서는 교내의 SLM 게시판에 게시하고 학교 신문, 홈페이지 등에 명단을 공개하겠다." (1부는 학생, 1부는 담임 선생님 보관)

# 분포초의 자기주도학습 협약 프로그램 SLM 프로세스

## SLM에 참여할 학생 모집 방법

참가 신청서를 가정 통신문, 학교 홈페이지에 공지하고 희망자를 공모한 다음, 참가할 학생이 신청서를 담임 선생님에게 제출하고 학생과 학부모가 면담을 한다. 그런 다음, 진단 평가를 통하여 실천 가능 여부를 판단하여 대상자를 선정한다.

## 협약서 작성과 과정

### : : 1단계

사교육 중단을 확인한 후 학생, 학부모, 담임 선생님, 학교장이 기간, 학습 장소, 보상 등을 협의하고 학생, 학교, 게시용 협약서 3부를 작성한다. 협약서에는 학습 기간, 학습 장소, 학습 교과, 가정과 학교의 보상 내용을 기록하고 서명한다.

## :: 2단계

매월 초에 신청한 여러 학생들과 강당에서 협약식을 갖는다. 협약식에서 학부모, 학생, 담임 선생님에게 학교장이 협약서를 직접 전달한다. 미리 작성한 협약서를 주고받으며 자기주도학습 실천 의지를 확고하게 다진다. 협약식을 교내 방송, 학교 신문에 홍보한다.

## :: 3단계

학생들의 왕래가 많은 곳에 SLM 게시판을 설치하여 협약서를 게시하고, 홈페이지 등에 명단을 공개한다.

## SL 학습 과정과 학습 관리

공부 첫날, 먼저 참가한 학생들의 환영 속에 자기 소개와 각오를 이야기하고 공부할 자리를 정하면서 자기주도학습이 시작된다. 담임 선생님과 코디네이터가 참석한 가운데 학생의 현재 학력을 체크하기 위해 진단 평가를 실시한 후 담임 선생님의 소견과 함께 개인 포트폴리오에 기록해 둔다.

시행 첫 주에는 Self Learning 계획을 수립하는 방법을 안내한다. 자기주도학습 방법을 익히면서 학습 계획을 수립하는 방법을 가이던스쿨에 참여하여 학습하거나 인턴 교사가 지도한다. 이후 계획대로 스스로 학습한다.

### 개인 포트폴리오 관리와 셀프 러닝 지도 교사의 역할

진단 평가 결과 분석지, 24시 관리표, 학습 습관 진단 평가지 등의 개인 관리 포트폴리오를 코디네이터와 담임 선생님이 공동으로 작성하여 가정과 수시로 연락하면서 학습 상황을 관리한다. 개인별 24시 관리표는 전 학급 단위로 작성하고 수시로 수정하면서 학습 방법 지도 및 학부모 상담 자료로 활용하고 매월 말 학급 담임 선생님이 학교 담당 코디네이터에게 관리표를 제공하여 학습 관리를 하도록 한다.

또 4명의 셀프 러닝 지도 교사가 상주하면서 학습 방법을 안내한다. 학생이 모르는 것이 있으면 풀이나 답을 가르쳐주는 것이 아니라고 스스로 공부할 수 있는 자료, 사이트나 참고서, 사전, 관련 도서를 안내하면서 학습 방법을 지도한다.

# (전)구완회 교장 선생님과의 인터뷰를 통해 본 분포초의 SL 운영 성과

**Q** 학습 효과를 높이기 위해 노력한 점은?

**A** 다양한 학습실을 조성하여 활용하도록 하였다. 40명이 공부할 수 있는 교실(2실), 15명이 학습할 수 있는 소규모 교실(15실), 개인별로 학습할 수 있는 코너(30석), 정보 검색 및 사이버 학습 코너(20석), 5인용 모둠 학습 코너(8석), 여가 활용실(1실), 만남실(1실), 3D 입체 영상실, 체력 단련 코너 등을 설치하여 학습 및 휴식 등에 불편함이 없도록 하였다.

또 학생의 안전을 위해 학교 지킴이가 밤 9시까지 상주한다. 저녁 급식을 희망하는 학생에게는 유료(1식 2,500원) 급식을 실시한다. 학습에 필요한 모든 시설과 기자재를 개방하고, 참고 도서 등을 최대한 확보하여 활용하도록 한다. 가정에서 학습하는 학생은 인턴 교사가 주 1~2회 가정을 방문하여 학습 상황을 점검하고, 자기주도학습 방법을 안내한다.

| Q | 평가와 보상은 어떻게 하는가?

| A | 협약 기간이 만료되면 평가와 보상을 한다. 기간이 만료되면 평가를 하여 최초의 학력과 비교한 후 학력이 떨어지지 않았으면 약속대로 학부모, 학생, 담임 선생님이 참석하여 보상식을 갖고 보상을 한다. 보상식에서는 협약서에 명기한 대로 자기주도학습을 실천한 아동의 성과를 칭찬하고, 약속한 내용대로 보상해줌으로써 실천 동기를 강화시킨다. 학교에서는 주로 문화상품권을 지급한다. 자기주도학습 실천 인증서와 함께 생활기록부에 등재한다. 이후 자기주도학습을 지속적으로 실시하고 보상을 점차 줄여 나간다. 자기주도학습에 실패하는 학생은 거의 없다.

| Q | SL 운영 성과는?

| A | 2011학년도 상반기 참여 인원을 100명으로 예상하였지만 참여 학생이 252명(2011. 6. 21. 현재)으로 대폭 증가했다. 월별 참여 아동 수도 지속적으로 증가하고 있다. 참여 학생 92%가 학력이 향상되었다. 학부모의 호응도 매우 높게 나타났다. 학원과의 마찰이 있기는 하지만 그리 우려할 만한 상황은 아니다.

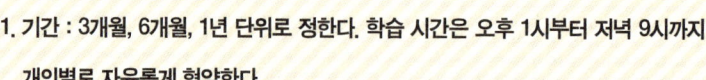

## 분포초의 자기주도학습 협약 프로그램 SLM 안내

1. 기간 : 3개월, 6개월, 1년 단위로 정한다. 학습 시간은 오후 1시부터 저녁 9시까지 개인별로 자유롭게 협약한다.

2. 장소 : 학교에서는 개인 학습 코너나 모둠 학습실에서, 가정에서는 지도 강사가 가정으로 방문하여 관리, 지도한다.

3. 학습 관리 : 특별 채용한 9명의 자격증 소지 교사가 상주하면서 직접 관리, 지도한다.

- 자기주도학습 코디네이터 1명, 학습 보조 및 안내 인턴 7명(13:00~17:00 4명/17:00~21:00 3명), 하교 및 교내 안전 지킴이 1명(13:00~21:00 근무)

- 개별 또는 스터디 그룹을 통한 개별, 협력 학습 형태로 운영한다.

- 담임과 셀프 러닝 지도 교사가 지속적으로 학습 상황을 관리한다(수시로 가정과의 전화 상담).

- 출결 상황을 SMS 문자 또는 전화로 알려준다.

- 월 1회 이상 가정 통신문을 발송한다(코디네이터가 수시로 학부모와 전화 상담).

- 창의경영학교 소식지를 발행한다(월 1회 정기 발간, 나의 SLM 참여 이야기 코너).

- 자기주도학습 사례 발표회를 개최한다(2개월 간격으로).

학생과의 인터뷰

**Q** **SLM을 신청하게 된 동기는 무엇이며, 나타난 결과는?**

**A** 막연히 학교에서 공부해보고 싶다는 마음에 SLM 신청을 하게 되었다. 처음에는 생각보다 집중이 잘 안 되었지만, 조금씩 해 나갈수록 점수도 많이 올랐다. 이번 기말고사에서는 SLM에 신청한 사회(역사), 과학 과목 모두 100점을 받았다.

**Q** **무엇을 실천했으며, 좋아진 점은?**

**A** SL을 마치고 집에 오자마자 작성한 후에 공부를 시작하는 학습 계획표, 그날 학교에서 배운 내용을 정리해서 적는 복습 노트가 많은 도움이 되었다. 그리고 SL을 함으로써 평소 공부를 하지 않는 시간에 공부를 열심히 하는 좋은 계기가 되었다.

**Q** **SL에 참여한 후 느낀 점은?**

**A** SL에 참여함으로써 스스로 공부하는 방법을 배우고, 그 방법대로 공부를 해볼 수 있었다. SL에 참여하고 나서 공부에 대한 흥미도 생긴 것 같다. 우리 학교에 SL이 있어서 참 기쁘다.

_김민지(6학년)

교사와의 인터뷰 ————————————

**Q** 자기주도학습 협약 프로그램 운영의 효과는?

**A** 대부분 학생들은 스스로 공부하고 싶어한다. 학생들은 이 프로그램에 참석하고 싶은데 부모가 반대하는 경우에는 매우 안타깝다.

시작이 어렵지만 참여한 학생들의 변화는 기대 이상으로 정말 엄청났다. 마지못해 하던 공부에 차츰 재미를 붙이는 것이 눈에 보인다. 스스로 도전을 했으니까 꼭 성공해야 한다는 책임감을 느끼면서 공부하는 모습이 얼마나 진지해 보이는지 모른다.

_서지영 선생님

**A** 무엇보다 자기주도학습 협약 프로그램에 참여한 학생은 정규 수업 시간의 학습 태도가 달라진다. 갑자기 질문이 많아지고, 적절한 자료를 찾아 활용하기도 하고, 다른 사람의 이야기를 경청하고 자신의 의견을 많이 제시하기도 한다.

_문정미 선생님

**Q** 자기주도학습 협약 프로그램 운영상의 어려운 점은?

**A** 학부모의 신뢰와 만족도는 아주 높다. 그러나 인근 학원의 비방이 도를 넘는 경우도 있다. 물론 살아남기 위한 방편이긴 하지만……. 지금은 그래도 어느 정도 안정이 되었다. 밤 9시까지 운영하다보니

'가족과 함께 시간을 보내야 할 아이들을 괜히 붙잡아 두는 것이 아닌가?'라는 생각이 들 때도 많았다.

밤 시간에 귀가하는 아이들의 안전 문제를 해결하는 데 어려움도 많았다. 그러나 성공적으로 협약 기간을 끝내고 부모와 학교로부터 보상을 받으면서 함박웃음을 짓는 아이들을 보면 모든 게 보람으로 느껴졌다.

_고각화 선생님

## 학 부 모 의  말 말 말

### '약속을 지키면 내가 원하는 것을 얻을 수 있다'는 동기부여의 기회를 마련해준 것이 효과적이었다
.
.
.

자기주도학습 협약식을 열어 우리가 스스로 공부해야 하는 이유를 설명해주셨고, 참여하는 전교 학생들과 학부모님들의 열기, 담임 선생님들의 정성도 느낄 수 있었다. 호영이는 '최고 수준'이라는 심화 문제집을 골랐다. 스스로 공부하려는 학생들에게 학교에서 제공해준 것이다. 나와 호영이는 새 문제집을 받고 힘차게 '화이팅!'을 했다. 일주일 동안 반성할 점, 잘한 점에 대해 스스로 계획하고, 확인하며 공부한 분량도 정확히 적었다. 매일 계획서를 적는 것이 번거로웠지만 호영이는 생각보다 계획서를 알차게 적어 나갔다. 매일 수학 문제집 2장 풀기를 약속하고 그것을 지키는 모습이 대견했다. 일일이 기록하고 시간에 맞춰 자기주도학습실에 가서 공부하는 일을 꾸준히 해 나갔다. 약속한 대로 3개월 동안 차근차근 성실히 자기주도학습을 해냈고, 나는 그에 대한 보상으로 약속한 선물을 주었다. 친구들과 서로 약속에 대해 보상받은 것을 칭찬하고 자랑했다. 약속을 지키면 내가 원하는 것을 얻을 수 있다는 동기부여의 기회를 만들어주게 된 것이다. 호영이는 힘들다고 몇 번 얘기한 적이 있지만 그럴 때마다 학습실 선생님들의 칭찬이 고비를 넘길 수 있게 한 힘이 되기도 했다. 중간 중간에 가정으로 전달되는 선생님들의 칭찬 말씀은 부모인 나에게도 아이를 믿게 하는 힘을 생기게 해주었다.

_조혜영(3학년 전호영 학부모)

## :: 스스로 꿈을 이루어 가는 길

수업을 마쳤다. 오늘도 어김없이 SL 교실로 간다. 매일 가는 길, 매일 만나는 선생님이지만 함께 공부하는 친구들이 있어 오늘도 힘이 솟는다. 무엇보다 학원 선생님의 잔소리를 듣지 않아서 좋다. 내스스로 계획을 세워 공부를 마쳤을 때는 흐뭇하고 정말 내가 자랑스럽기도 하다. 그 기분을 학원 선생님이 알까?

학원 공부를 하지 않는 데도 성적이 떨어지지 않고 오히려 올라가는 것은 왜일까? 내 꿈을 이루기 위해 내가 노력하기 때문이겠지.

_5학년 김지수

## :: 맛있는 SLM – 제일 자신 없던 수학 성적이 올라가요

나는 공부를 잘하지도 못하지도 않는 보통 아이였다. 그런데 분포초에 전학을 와서 나 자신이 바뀌었다. 내가 제일 자신 없는 수학도 점점 성적이 올라갔다. 과외를 하지 않고 스스로 예습과 복습만 하는데도 성적이 올라간다. 생각지도 못한 일이다.

혼자 공부한 문제가 학교 수업 시간에 나오면 너무 신이 나고 즐거웠다. 한 학기에 문제집을 한 권도 풀지 않던 내가 SLM을 하면서 1학기가 끝나기도 전에 문제집 한 권을 끝내고 또 다른 책을 사다니. 나의 변화에 나 자신도 신기할 따름이다. 분포초에 전학오기를 정말 잘했다.

_5학년 김규리

**기적의 자기주도학습 솔루션 19**

## 공부가 즐거우면 저절로 집중하게 된다

공부를 잘하려면 무작정 열심히 할 게 아니라 즐겁게 해야 한다. 지성의 뇌와 감성의 뇌는 수많은 회로로 연결되어 서로 정보를 주고받으며 이성과 감성의 활동을 조절한다. 그래서 우울할 때보다 즐거울 때 지적 능력이 더 우수하다. 어떤 문제를 풀기 위해 동원하는 두뇌의 기능이 얼마나 잘 발휘되느냐는 감정에 따라 좌우되는데, 기분이 좋을 때는 신경회로가 막힘없이 기억 속에 보관된 모든 정보를 동원할 수 있지만 기분이 나쁠 때는 신경회로가 막혀 잘 흐르지 않기 때문이다. 어차피 하는 공부라면 재미있고 즐거운 마음으로 하자.

**05**

## 프로젝트 5. **자율동아리 활동**

❝ 학생이 원하는 주제를 선정하여 동아리를 구성하고 적극적으로 활동했다
학생들이 동아리실과 홈페이지를 활용하여 졸업 때까지 지속적으로 활동할 수 있도록 했다
동아리 활동 내용과 방법을 스스로 계획하고 실천함으로써 책임감이 높아졌다 ❞

## 초등학생이 자율동아리
## 활동을 한다?

사람은 혼자 살아가는 것이 아니다. 남
과 더불어 살면서 바른 인성을 가꾸고, 서로 경쟁하면서 배려하는
마음도 가꾼다. 같은 목적을 갖고 함께 활동하면서 서로를 인정하고
자신도 인정받으면서 꿈을 키우고 삶을 배우는 것이다. 특히 자라나
는 아이들은 또래 집단과 어울리는 것이 가장 신나는 일이다. 사실
요즈음 아이들은 이런 기회를 어른들에 의해 박탈당하고 산다.

분포초에서는 하고 싶은 것이 비슷한 아이들이 한데 어울려 머리를 맞대고 계획하거나 실행하면서 실패도 겪고, 성공의 희열도 맛보는 자율동아리를 계획하였다. 학교의 창의적 체험활동에서의 교사나 지도자에 의한 일방적인 교육이 아닌 '대학의 서클'과 유사한 형태로 자율 활동을 기본 방향으로 하여 운영하고 있다.

자율동아리는 SL과는 달리 처음부터 많은 학생들이 신청하였다. 동아리의 구성, 활동 시간, 활동 내용 등 모든 계획과 활동은 학생들이 스스로 하게 하였다. 이를 통해 동아리 활동과 셀프 러닝을 접목시켜 자기 학습 관리를 어떻게 해야 할 것인지를 알게 하였다.

## 동아리 활동 프로세스

1단계  관심 주제가 유사한 2명 이상의 학생이 무학년제로 동아리를 조직한다.

2단계  1개월 활동 계획을 수립하여 동아리를 학교에 신청한다.

3단계  계획에 따라 활동한다.

4단계  1개월 후 담당 선생님 또는 코디네이터가 활동 상황을 체크하여 이후 지속 가능하다고 판단되면 학교에서 인정하는 인정 동아리가 된다.

5단계   인정 동아리는 학교 홈페이지에 동아리방을 개설하고 활동할 수 있는 장소를 배정받는다.

6단계   6개월 이상의 기본적인 활동 계획표를 세우고 코디네이터와 협의·수정한다.


# 자율동아리 운영

## 1. 지도 교사와 동아리 팀원과의 만남의 날 갖기

- 지도 교사(코디네이터)가 순회하면서 월 2회 동아리 활동 상황을 점검한다.


## 2. 활동 성과 홍보 및 강화하기

- 주 3회 180분 이상의 활동을 기본으로 하고, 팀원은 계속해서 회원을 확보해 나간다.

- 학교 홈페이지 자율동아리방을 배정하고, 활동 자료 탑재, 홍보, 의견 나누기 등을 동아리별로 직접 운영한다. 팀원은 졸업할 때까지 회원이 된다.

- 필요한 경우 교재, 활동비, 안내자(교사, 학부모, 대학생 멘토), 공연, 대회 개최, 현장 방문 주선 등을 학교에서 지원한다.

### 3. 동아리 활동 교실 배정 및 동아리실 조성하기

- 동아리별로 원하는 요일, 시간에 맞추어 개별 교실을 배정한다.
- 동아리 전용실 조성(2실) : 앞뒤 건물 사이의 넓은 현관을 동아리 활동 장소 및 결과물 전시 공간으로 활용한다.
- 동아리 학습실 및 게시판 : 4층 모둠 학습실 앞쪽의 복도를 활용하여 동아리 전용 학습실(3실) 및 게시판을 설치한다.

### 4. 우수 동아리 선정 및 시상

- 활동 과정이 성실한 동아리를 선정하여 2개월마다 다양한 형태로 시상한다. 시상품은 상장, 물품, 상품권, 영화 티켓, 활동비 지급, 전문가 초빙 등이다.
- SL, 독서 등과 병행하여 자율 성과 발표회를 개최한다.
  - 학생, 학부모를 대상으로 체험 위주의 발표회 개최(연 2회)
- 동아리 활동 지원 인턴 채용
  - 학교에 상주하는 인턴을 채용하여(1명) 지속적인 동아리 활동을 지원하고, 담당 교사의 업무를 분담한다.

# 자율동아리 운영
## 성과

　　　　　　자율동아리는 2011년 3월부터 시작하였다. 자율동아리 운영 성과는 학생들의 적극적인 활동으로 기존 동아리의 회원이 증가한 경우와 신규 등록 동아리가 늘어난 경우로 나누어 볼 수 있다. 자율 활동에 대한 학부모의 관심과 호응이 예상보다 높고, 자녀와 함께 활동하는 학부모가 현저히 늘고 있다.

| 구분 | 초기 참여 학생<br>(2011. 4. 13. 기준) | 현재 참여 학생<br>(2011. 6. 4. 기준) |
|---|---|---|
| 스터디 그룹 | 11팀 / 31명 | 11팀 / 36명 |
| 아카데미 서클 | 23팀 / 97명 | 33팀 / 169명 |
| 스포츠 클럽 | 11팀 / 49명 | 12팀 / 84명 |
| 계 | 45팀 / 177명 | 56팀 / 289명 |

분포초의 자율동아리

**Tip**

1. 서로 협력하며 공부하는 학습 동아리(Study Group)

2. 취미·특기를 살리는 예술·문화 동호회(Academy Circle)

 - 걸스 엔터테인먼트, 기타 동아리 등 33개 동아리 169명

3. 공부에 지친 체력을 보강하며 강인한 정신을 갖추기 위한 체력 관리 클럽(Sports Club)

 - 태극 전사, Soccer 등 12개 동아리 84명(2011년 7월 2일 현재, 56개 동아리 289명)

4. 기타

 - 인터넷(사이버) 동아리 : 타 학교 또는 자매 학교 학생과 연합하여 동아리 구성

 - 학부모(기타, 꽃꽂이 등), 교사(배드민턴, 배구, 독서, 골프, 독서 등) 동아리 지속적 확대 운영

## 초등학생이 동아리 활동을 제대로 해낼 수 있을까?

.
.
.

IT 전문가를 꿈꾸는 우리 아이는 항상 공부 시간 외에 스티브 잡스와 '애플' 경영에 대해 많은 궁금증을 가지고 있었다. 6학년이 되면서 학교에 동아리가 생겨났고, 아이는 관심사가 비슷한 몇몇 친구들과 동아리를 결성해 활동을 시작하게 되었다. 내심 걱정이 앞서기 시작했다. 동아리 활동을 한다는 이유로 학원 수업도 빼먹게 되고, 친구들과 만나서 놀다오는 것은 아닌지 말이다. 그러면서 '몇 개월 하다 말겠지……', '초등학생이 동아리 활동을 제대로 해낼 수 있을까?"라고 생각했다.

**놀라움과 함께 안도의 미소를 짓게 되었다**

처음에는 일주일에 두 번 만나는 것도 너무 자주인 것 같아 마음에 걸리고 우리 집에서 모임을 갖는 것도 솔직히 신경이 쓰여 모든 것이 못마땅하기만 했던 게 사실이었다. 그러기를 몇 개월 후 사례 발표회와 좌담회에 패널로 참석하는 것을 보고 저는 안도의 미소를 짓게 되었다. 그리고 난 후에도 이 활동은 쉬지 않고 이루어졌고, 이 동아리 활동을 하면서 부쩍 커 버린 아이를 발견할 수 있었다.

## 시간과 약속에 대한 개념이 뚜렷하게 생겼다

첫째, 시간과 약속에 대한 개념이 뚜렷하게 생겼다. 우선 4명의 멤버들이 정한 시간과 규칙은 최대한 지키는 것이 이 동아리를 잘 이끌어 나갈 수 있는 기본 요소라는 것을 잘 알고 있었다.

## IT에 대해 많은 지식을 쌓을 수 있게 되었다

둘째, 동아리 활동 시간을 아주 행복한 휴식 시간으로 여긴다. 의미 없이 보내 버리기 쉬운 시간에 이 활동을 하게 되면서 즐거운 휴식 시간도 갖고, 평소에 알고 싶어 했던 IT에 대해 많은 지식을 쌓을 수 있게 되었다.

## 자기주도학습에 엄청난 변화를 가져왔다

셋째, 어떻게 보면 연관성이 없을 것 같지만 동아리 활동을 통해 자기주도적 학습에 엄청난 변화를 가져오게 되었다. 항상 시험 때만 되면 문제집에 의존했던 우리 아이는 동아리 활동과 셀프러닝을 접목시켜 자기 학습 관리를 어떻게 해야 하는지를 알게 되었다고 한다. 지금은 교과서 공부를 아주 중요하게 여기고 문제집을 사주지 않아도 불안해하지 않는 아이로 변했다.

_허정은(6학년 장우석 학생 학부모)

## 그래, 세븐 플러스 동아리 파이팅!

:
:
:

"엄마, 두 시간만 하면 안 돼요? 갔다 와서 오후에 열심히 공부할게요. 친구들이랑 동아리 활동하는 게 재미있단 말이에요!" 토요일 아침. 아들이 노래를 불러댄다. "공부를 그렇게 하고 싶다고 얘기 좀 해라. 시험 공부해야 된다고 동아리 시간 줄이는 친구들도 있다는데 넌 그렇게 공부 욕심이 없니?" 아들 녀석이 슬픔에 찬 눈빛과 떨리는 목소리로 한 마디를 한다. "한 번만 하면 안 돼요?"

### 동아리를 장려할 때 반신반의했었다

올 봄 학교에서 처음 동아리 활동을 장려하며 아이들에게 자율동아리 모임을 만들라고 할 때만 해도 나는 반신반의했었다. '그냥 지나가는 일회성 학교 행사겠지'하고 쉽게 생각했다. 그래도 참여하는 것이 좋을 것 같다는 생각이 들었고, 아들도 대환영이었다. 아파트 단지에 묻혀 사는 애들이라 뛰어놀 장소도 없고, 학원에 다니느라 친구들과 학교 밖에서 운동 한 번 못 해본 터라 운동하는 동아리로 만드는 것이 좋을 것 같았다.

## '세븐 플러스'라는 스포츠 동아리를 만들어왔다

아니나 다를까 아들이 친구 7명이 모이는 '세븐 플러스'라는 스포츠 동아리를 만들어왔다. 말이 스포츠지 이것저것하며 운동장에서 뛰어놀고 싶다는 것이었다. '역시 아이들이구나'라고 생각하며 선뜻 허락해주었다. 동아리 모임은 의욕적으로 시작되었고, 아이들은 서로 티격태격해 가면서 열심히 활동했다. 축구, 야구, 피구, 농구도 하고 자전거, 인라인 스케이트도 탔다.

## 약간의 어려움도 있었다

모임을 만들고 난 후 엄마들이 도움을 주어야 하는 부분에서 약간의 어려움도 있었다. 순서를 정해 간식도 챙겨주고, 사진도 찍어주고, 안전 도우미 노릇도 해야 했다. 아이들은 모이고 싶어도 주말이라 각자 가족들마다 일정이 달라 모두 참가하는 것이 쉽지만은 않았다. 비가 오면 모임이 취소되기도 하고, 주말 여행을 떠나는 가족이 있으면 4명밖에 안 되는 날도 있었다.

## 그 안에서 아이들은 사회생활을 배워갔다

인원이 몇 명 안 되는 동아리였지만 그 안에서 아이들은 사회생활을 배

한국의 아키타, 기적의 분포초

워갔다. 누구도 정해주지 않았지만 규칙을 스스로 정하고 서로의 의견을

조율하는 방법을 배워갔다. 아이들 스스로가 서로에게 한 약속을 지키는

것이 매우 중요하다는 것을 깨달아갔다.

### 우수 동아리로 뽑혀 발표하는 기회도 가졌다

동아리 활동이 끝나면 활동 내용을 사진과 함께 학교 홈페이지에 게시하

기도 하고, 운 좋게 우수 동아리로 뽑혀 발표하는 기회도 가졌다. 지금까

지도 토요일이면 동아리 모임이 계속되고 있다. 내 걱정과는 달리 아이

들은 너무도 대견스럽게 동아리 활동을 잘해 나가고 있다.

### 우리 아들 파이팅!

학교 운동장에서 땀을 뻘뻘 흘리며 뛰어다니고 목이 쉬도록 소리 지르는

아들의 모습을 지켜볼 때마다 웃음이 난다. "그래, 세븐 플러스 동아리

파이팅!", "우리 아들 파이팅!"

_이은희(4학년 한영우 학부모)

## 교사와의 인터뷰

**Q** **자율동아리 활동에 대한 소감은?**

**A** 동아리 활동을 할 때는 얼굴에 생기가 돈다. 아이들이 너무 좋아한다. 참다운 삶의 재미를 느끼는 것 같다. 동아리 활동을 하면서 즐거워하는 아이들을 보고 학교가, 우리 교사가 지금까지 무엇을 하고 있었는지 후회되기도 한다. 개인주의니 학교 폭력이니 하는 사회적 문제를 해결하는 데 특별한 프로그램이 있는 것이 아니다. 아이들은 아이들의 세계에서 함께 어울려야 한다. 머리를 맞대고 고민하고 생활하면서 실패와 갈등, 보람, 성공 등의 생활 경험을 통해 남을 배려하는 바른 인성, 더불어 살아가는 민주 시민 의식이 자연스럽게 형성되는 것이다.

이와 같은 자율동아리 활동이 바르게 인식되어 다른 학교에도 많이 보급되었으면 좋겠다. ＿윤정숙 교감 선생님

**Q** **자율동아리 활동의 효과는?**

**A** 처음에는 학부모들의 반대가 많았다. 공부하는 시간이 줄어든다는 것이다. 동아리 활동은 공부가 아니라고 했다. 하지만 동아리 활동을 하면 할수록 스스로 생각하고 판단하는 능력이 높아지고, 생활

태도가 눈에 뛰게 적극적으로 바뀌어 나간다. 당연히 스스로 공부하는 힘도 붙는다. 시간이 지날수록 학부모들의 관심과 호응이 높아지고 시간적인 여유가 있을 때는 자녀들과 함께 동아리 활동을 하는 부모도 많이 늘어나고 있다.

_김남숙 선생님

**Q** **자율동아리 활동과 관련하여 학부모에게 전하고 싶은 말은?**

**A** 자율동아리 활동을 하는 아이들의 변화를 보면서 학부모에게 이런 말을 꼭 전하고 싶다. '매사에 적극적인 아이를 만들기 위해서는 또래끼리 어울려 하고 싶은 것을 함께하는 기회를 많이 주어야 합니다. 3개월만 시도해보면 생각이 달라질 겁니다.'라고…….

_성낙길 선생님

### 학생이 말하는 자율동아리

**:: 친구들의 환한 모습**

나는 현재 '위·이·정 요리 동아리'에 참여하고 있다. 먼저 레시피를 짠 뒤, 어떻게 만들지 함께 모여서 의논을 한다.

어떤 재료를 준비할까? 누가 준비할까? 등을 의논하는데, 시간 가는 줄 모른다. 어떤 때는 우기기도 하지만 의논하는 것이 참 재미있다.

다음 날 본격적으로 요리를 한다. 가장 기억에 남는 요리의 하나는 '호떡'이었다. 뜨거운 프라이팬에 기름을 넣고 하는 요리가 쉽지는 않았지만 우리는 힘을 합쳐 길거리에서 파는 것과 비슷한 호떡을 만들 수 있었다. 먹어보니 길거리 호떡 보다 더 맛있었다.

우리 스스로 해냈다는 기쁨, 그 맛이 더 들어갔기 때문이다. 만든 호떡을 나누어 먹으면서 다음에는 무엇을 할까를 의논한다. 친구들이 이렇게 재미있어 하는 것은 동아리에서만 볼 수 있다.

_위·이·정. 요리 동아리(5학년 정시예 외)

## :: 남을 도와보지 않은 사람은 그 기쁨을 모른다

우리 동아리는 다른 사람들이 베풀어주는 것을 받기만 하던 우리가 다른 사람들을 위해 작은 일이라도 해보자는 뜻에서 만들었다. 우리 동아리는 사람들에게 나눔과 희망을 전하고, 환경 보호(지구 온난화)에도 관심을 가지는 동아리이다. 초등학생치고는 거창한 활동이지만, 어려운 친구들을 남몰래 돕기도 하였으며, 지구 온난화에 대해 연구하고 그 내용을 친구들에게 나누어 주기도 했다.

동아리 활동을 통해 많은 경험을 하면서 얻은 점도 많지만 무엇보다 친구들과의 우정이 깊어졌다. 평소에 잘 어울리는 친구는 물론이고 서로 말 한 마디 해보지 않았던 친구들이 함께 봉사활동을 하면서 둘도 없는 친구가 되었다.

또, 남을 돕는 다는 것, 남이 하기 싫어하는 일을 한다는 것의 즐거움을 알았다.

그 기쁨은 설명하기 힘들다. 남을 도와보지 않은 사람은 그 기쁨을 모를 것이다.

우정을 쌓고 함께 기쁨을 느끼는 나눔 봉사단, 파이팅!

_나눔 봉사단(5학년 이수현 외)

## :: 아, 행복해! 우수 동아리 R.C

야호, 오늘은 정말 기분이 좋다. 우수 동아리 사례 발표 및 만남의 날이기 때문이다. 그런데 우리 R.C(Reading Club)가 대표로 발표를 하게 되었다. 우리가 발표를 할 때에는 많이 떨렸다. 250명이 넘는 사람들 앞에서 사례 발표라……. 연습이 부족하기는 했지만 꽤 잘했다. 박수를 크게 받았고, 교육청에서 손님도 오셨고, 엄마까지 오셔서 더욱 기뻤다. 발표하기 전에는 교장 선생님께 상도 받았다. 상으로 받은 문화상품권으로 사고 싶었던 책을 살 수 있겠다, 아, 행복해!

_5학년 김민정

# 진정으로 원하는 목표가 있으면 길이 보인다

성공하려면 자신이 진정으로 원하는 목표가 무엇인지 설정하는 것이 그 무엇보다 중요하다. 다음에 그것을 다시 중기목표, 단기목표 단위로 세분화해 나가야 한다. 중기목표는 너무 세밀하지 않게 대략적으로 세우는 것이 효과적이고, 단기목표는 세밀하게 구체적으로 세우는 것이 효과적이다. 목표를 종이에 적어 항상 보이는 곳에 두면 목표를 인식하고 공부할 수 있게 된다. 매일의 계획에는 반드시 실천 여부를 확인할 수 있는 칸이 마련되어 있어야 하며, 하루 계획을 잘 지켰는지 반성함으로써 성취감과 자신감도 맛볼 수 있다.

**06**

## 프로젝트 6. **정규 교육과정을 지원하는 방과 후 학교 운영**

❝ 방과 후 전용 수업실을 확충하여 내실 있는 학습이 가능하도록 했다
전문 강사와 업체, 그리고 외부 위탁의 체계적인 운영으로 학생들의 참여도를 높였다
방과 후 강사와의 지속적인 협의와 질 관리를 통해 수업의 수준을 향상시켰다 ❞

대부분의 방과 후 학교 프로그램은 학교 교육과 동떨어진 과목이 많고, 설사 교과와 관련되어 있는 것이라도 학교 교육과의 연계성이 적어 학력 향상에 효율적이지 못한 점이 많다. 분포초 교사는 학력이 부진한 학생의 교과 보완 학습 중심의 프로그램으로 구성하였고, 교과 관련 방과 후 위탁 교육은 중간 정도 이상의 학생이 발전·심화 학습을 할 수 있는 프로그램으로 구성하였으며, 학교장 직영 전문 강사는 학생들의 특기·적성을 신장시킬 수 있는 예·체능 과목의 지원 프로그램으로 구성하였다.

## 교사 주도 프로그램

　　　　　　교사가 주도하는 프로그램으로는 국어, 영어, 수학으로 기초와 기본 학력이 부족한 학생을 대상으로 교사가 직접 지도하되, 학부모 또는 보조 강사와 협력하여 개별 학습이 이루어지도록 하였다. 그리고 매일 1~2시간 정도 지도하고 지도 내용과 방법은 학년에 일임했다.

| 구분 | 과목 | 강좌 수 | 참여 인원 | 대상 |
|------|------|---------|-----------|------|
| 교과 연계 | 국어, 영어, 수학 | 7강좌 | 82명 | 6개 학년 |
| 문화·예술, 체육 | 배드민턴 외 | 12강좌 | 140명 | 전교생 |

▲ 교사 주도의 교육과정 연계 강좌 현황

## 전문 업체 위탁 프로그램

❶ 영어(CMS) : 수준별 8개 반, 영어 일기, 프리토킹, Speaking, Phonics, Grammer

❷ 수학(수학과 창의) : 수준별 6개 반

❸ 컴퓨터(아이야) : 수준별 24개 반

　－ 방과 후 학교 위탁 운영 매뉴얼의 위탁 운영 단계와 절차에 따

라 운영한다.

- 영어, 수학, 논술, 컴퓨터, 영재 교육 프로그램을 무학년제, 수준
별로 운영한다.
- 방과 후 학교 지원 센터의 인증을 받은 우수 업체를 선정하여
지속적으로 운영한다.
- 학교 교육의 보완(발전·심화)으로 운영하고, 속진 등의 학교 진도
와 맞지 않는 강좌를 배제하며, 학교 진도와 맞추어 정규 교육
과정의 효율을 높인다.

## 전문 강사 위탁 프로그램

### 강좌명 : 2011. 6. 현재

#### 1. 교과 관련

> 영자 신문, 영어 뮤지컬, 논리 영재 수학, 과학 실험, 주산과 암산, 영재
> 속독, 독서 논술, 역사 논술, 수리 과학 창의

#### 2. 문화·예술

> 오케스트라, 플루트, 바이올린, 클라리넷, 큐티 성악, 첼로, 타악기, 오카
> 리나, 통기타, 합창단, 무용, 창의 미술, 피아노

## 3. 특기 적성

> 급수 한자, 카이 로봇, 지능 로봇, 바둑, 모형 항공, 배드민턴, 생명 과학, 칼라클레이, 체스, 창작 공예, 쿠키 앤 클레이, 골프, 도자기, 축구, 농구, 키크기

- 전문 강사, 지역 사회 인사, 학부모 등의 우수 강사를 발굴·활용한다.
- 학생의 특기·적성을 계발할 수 있는 프로그램으로, 주 3회 이상 150분 지도한다.
- 학교의 우수한 시설과 기자재를 최대한 활용하도록 하고 15~20명이 학습할 수 있는 방과 후 교실을 확보하여 일반 학급 교실을 방과 후 교실로 대체함으로써 생기는 교사의 불편함을 없앴다.
- 외부 재원을 유치하여 방과 후 학교 관련 특별실을 확보하였다.

## 외부 위탁 프로그램

우수한 외부 시설을 활용하기 위한 위탁 교육의 가장 큰 문제는 학생 수였다. 그래서 학생 수가 적어 강좌 개설이 어려운 경우 인근 학교와 연계하여 강좌를 개설하고, 상호

교체하여 학습하도록 하였다.

❶ 수영(교기)―교육청 파견 전담 코치, 태권도, 축구(동아리)
❷ 자매 학교 교환 학습

| 자매 학교 | 연간 교환 인원 수 및 기간(시기) | | | 방법 |
| | 2010 | 2011 | 기간 | |
|---|---|---|---|---|
| 시카고 한인 학교(미국) | 2 | 10(예정) | 5주(7월) | 미국―캠프, 한국―홈스테이 |
| 일본 학교(일본) | 20 | 20 | 5일(10월) | 상호 홈스테이 |

## 운영 성과

2010학년도부터 많은 학생이 방과 후 학교 교육에 참여(1인당 평균 수강 과목 1.8개)하고 있지만 학생들의 부담을 줄이기 위하여 문화·예술 및 체육 관련 프로그램을 확대하고 교과 관련 프로그램은 자기주도학습 및 동아리 활동(Study Group)으로 점진적으로 유도해 나가고 있다.

방과 후 학교 영어를 너무 재미있어 하며, 자기의 생각을 영어 일기

로 부담 없이 적는다.

·
·
·

성현이는 그 흔한 영어 학습 지도를 하지 않았고 영어 학원도 다니지 않

았다. 하지만 자막 없이 영어 비디오를 재미있게 보고, 영어를 학습이라

생각하지 않는다. 부족한 문법과 쓰기를 위해 몇 달 전부터 방과 후 학교

영어를 다닌다. 아직 많이 부족하지만 너무 재미있게 다니고 있다.

성현이가 1학년 입학하는 날부터 꾸준히 해오는 것이 있다. 하루 30분씩

처음에는 한 줄짜리 동화책부터 지금은 마법의 시간 여행까지 동화책을

오디오를 틀어놓고 듣는 것이다. 지금도 영어 듣기 30분을 일요일과 특

별한 날을 제외하고는 매일 하고 있다. 그래서인지 올해부터 시작한 리틀

팍스라는 인터넷 동화 듣기에서 동화 내용을 듣고 문제를 풀면 나보다

더 잘 맞는다. 비록 몇 줄, 매일의 내용이 비슷하지만 자기의 생각을 영어

일기로 부담 없이 적는다.

내년부터는 단어 외우기를 많이 정확히 해야겠다고 성현이 스스로가 말

한다. 자기가 부족한 것이 무엇인지 느끼고 있나 보다.

| 구분 | 월 | 화 | 수 | 목 | 금 | 토 | 일 |
|---|---|---|---|---|---|---|---|
| 그날 복습 | | | | | | | 일기 쓰기<br>독서 기록장 쓰기<br>부족한 것 보충 |
| 한자 2자 적기 | | | | | | | |
| 재능 학습지 풀기 | | | | | | | |
| 리틀 팍스 듣기 | | | | | | | |
| 영어 공부 30분 | | | | | | | |
| 학교 숙제 | | | | | | | |

▲ **성현이의 스스로 체크표**

자기가 부족한 것이 무엇인지 스스로 알아 가면서 자기에게 맞는 공부 방법을 찾아가는 과정이 자기주도학습이라고 생각한다. 성현이는 다른 아이들보다 뛰어나게 잘하지 않는다. 하지만 나는 당장의 결과보다 성실함이 더 중요하다고 생각한다. '100명을 한 방향으로 뛰게 하면 1등은 1명뿐이지만 자기가 뛰고 싶은 방향으로 뛰게 하면 100명 모두 1등이 될 수 있다'라고 했다. 꾸준히 뛰다 보면 자기가 좋아하는 일을 찾게 되고, 열심히 하다 보면 실력도 키워지리라 생각한다.

_정은진(4학년 엄성현 학부모)

## 교사와의 인터뷰

**Q** 방과 후 학교 운영이 다른 학교와 차별화되는 것은?

**A** 학생들의 학력 향상과 특기·적성 계발에 초점을 맞추었다. 정규 교과와 관련된 반을 엄선하여 교과 학습의 보완, 심화 프로그램을 많이 도입했다. 특기·적성 계발을 위해 학생들이 희망하는 프로그램을 사전에 조사하여 반을 개설·운영한다.

강사의 질 관리를 위해 3년 이상 되는 강사는 수강료를 조금 인상해주기도 한다. 방과 후 학교 교실도 15명 정도 수용할 수 있는 전용 교실이 마련되어 있고, 책걸상이나 기자재도 일반 학원 못지않다. 장소도 학교 안에서만 하는 것이 아니라 지역의 우수 시설을 다양하게 활용하고 있다.

_김리아 선생님

## 학생이 말하는 방과 후 학교

### :: 또 다른 방과 후가 생기면 할 생각이다

난 플루트, 오케스트라, 수학과 창의력, 한자를 하고 있다. 방과 후 학교 선생님들은 모두 친절하셔서 수업에 즐겁게 참여할 수 있다.

플루트에서는 또 다른 악기를 배워 내가 하고 싶은 일들을 할 수 있도록 도와주었고, 오케스트라에서는 플루트를 더 잘할 수 있게, 더 여러 곡을 접할 수 있게 해주었다.

수학이 많이 부진했는데, 수학과 창의력을 하게 된 후에 수학 성적이 많이 올랐다. 한자에서 여러 한자를 배워 어휘력이 많이 늘었다. 또 다른 방과 후 수업이 생기면 할 생각이다. _5학년 유희정

**기적의 자기주도학습 솔루션 21**

## 공부 집중력을 향상시켜라

"제대로 집중하면 6시간 걸릴 일을 30분 만에 끝낼 수 있지만, 그렇지 못하면 30분이면 끝낼 일을 6시간해도 끝내지 못한다."고 아인슈타인은 말했다. 집중력은 잡념에 빠지지 않고 얼마나 공부에 몰두하느냐가 핵심이다. 환경은 인간의 행동에 미치는 영향이 매우 크다. 그러므로 집중이 안 되면 우선 환경부터 정돈해야 한다. 그리고 잡음, 통풍, 온도, 조명 등을 잘 다스려서 좋은 분위기에서 공부해야 한다. 공부를 하고자 하는 동기가 있으면 집중력이 높아지고, 그만큼 효율도 오른다.

# 3부

**5일간의 특별한
자기주도학습
가이던스쿨 수업**

## 공부가 너무 재미있고 즐거워졌다

가이던스쿨을 하면서 많은 것을 얻었다.

비록 5일 동안이었지만 나 혼자서 스스로 공부할 수 있는 방법을 터득하였다.

가이던스쿨 이후 자기주도학습 능력이 많이 향상되었다.

이번 가이던스쿨은 정말 값진 시간이었다.

# 나의 다짐

1. 나 (          )는

   자기주도학습 가이던스쿨에 빠지지 않고 출석하겠습니다.


2. 나 (          )는

   이 프로그램에 성실히 참여하고, 나 자신을 자랑스럽게 여기겠습니다.


3. 나 (          )는

   이 프로그램에서 익힌 공부 방법을 평소에 실천하겠습니다.


4. 나 (          )는

   스스로 공부를 계획하고 실천하며, 결과를 반성하는 기회를 갖겠습니다.


5. 나 (          )는

   이 프로그램을 통해 다른 사람에게 의지하지 않는 자기주도학습을 실천하겠습니다.

# 01

# 자기주도학습 제대로 알기

*자기주도학습의 방법을 가르쳐 줄게!*
*가이던스쿨(Guidance School) 특강*

"여러분은 공부가 재미있나요?"

이렇게 물어보면 여러분 중 대부분은 "아니오"라고 대답한다. 그러나 여러분 중에 자기주도학습 능력이 있는 사람은 아마도 "예, 재미있어요"라고 대답할 것이다. 왜냐하면 자기주도적인 관심과 태도로 쉽고 빠르게 공부를 하여 공부가 재미있고 흥미롭기 때문이다. 그래서 자기주도학습 능력을 지닌 사람은 공부도 잘하고, 모든 일에 자신감이 있다.

여기에 소개되는 내용은 분포초에서 자기주도학습 정착을 위해 실시하고 있는 가이던스쿨의 교재 내용을 요약한 것이다. 그리고 이 교재는 학생들과 학부모 교육, 그리고 교직원의 연수(주 5일, 10~12시간) 자료로도 활용하고 있다. 그렇기 때문에 이 방법을 정확히 이해하고 실천한다면 누구든지 자기주도학습에 성공할 수 있을 것이다.

단, 이 교재는 자기주도학습을 실제로 교과교육에 적용하는 것이기 때문에 학생은 물론 학부모나 교사가 내용을 명확히 이해하고, 학생—학부모—학교가 같은 방법으로 가르치고 익혀야 성공할 수 있다.

## 자기주도학습이 뭐길래?

도대체 자기주도학습이 뭐길래 공부가 재미있어지고, 짧은 시간과 노력을 들이고도 좋은 결과를 얻을 수 있는 것일까? 자기주도학습은 자기 스스로가 중심이 되어 공부하는 것을 말한다. 부모님이나 선생님이 '이것 해라, 저것 해라'하고 시켜서 하는 공부가 아니다. 자기주도학습이란, 자신에게 필요한 공부가 무엇인지, 그것을 어떤 방법으로 해야 할 것인지를 스스로 선택하는 것, 그대로 실천하고 제대로 잘되었는지 스스로 점검해보고 다시 고쳐 나가는 것이다. 그런 의미에서 '스스로 학습'이라고도 한다.

내가 하고 싶어서 하는 공부는 다른 사람이 시켜서 억지로 하는 공부와는 달리 재미가 있다. 그래서 스스로 문제를 해결할 수 있는 힘이 생겨 어려운 문제도 스스로 척척 해결할 수 있게 되고, 자꾸 공부가 하고 싶어진다. 또 자기주도학습을 하다 보면 실력도 쌓이게 되고, 자기 나름대로의 공부 방법과 습관도 몸에 배게 되며, 나중에는 조금만 노력해도 공부 효과가 나타나게 된다.

자기주도학습 능력은 초등학교 중학년에서부터 발달하기 시작하여 고학년 때 두드러지게 발달하고, 중·고등학교에 가면 그 능력이 더욱 풍부해진다. 학년이 올라갈수록 공부해야 할 과목이 많아지고 학습 내용이 어려워지기 때문에 지금부터 이러한 공부 습관을 길러 놓지 않으면 중학교나 고등학교에 진학했을 때 매우 힘들어진다는 것을 명심하자.

## 자기주도학습은 어떻게 하나?

그렇다면 자기주도학습은 어떻게 하는

것일까? 먼저 자신이 지금까지 어떻게 공부를 해왔는지 분석해보고, 필요한 것이 무엇인지를 파악해야 한다. 사람마다 얼굴 생김새가 다르고, 성격도 다르듯이 공부하는 습관도 조금씩 다르다. 그러므로 나의 공부 습관은 어떤지, 좋은 점과 노력할 점은 무엇인지 확인해보고 어떻게 하는 것이 효과적인지 생각해보아야 한다.

다음으로 자기주도학습을 하기 위해서는 크게 7가지 방법만 알면 된다.


첫째, 나를 알고 나에게 알맞은 목표 정하기

둘째, 올바른 생각과 습관 길들이기

셋째, 학습의 원리 알기

넷째, 시간 관리와 계획적으로 학습하기

다섯째, 수업 전, 수업 중, 수업 후의 공부 방법 알기

여섯째, 체계적인 독서와 정보 관리하기

일곱째, 부담을 줄이는 시험 전략 세우기


## 나의 학습 습관은?

누구나 나름대로 자신의 공부 방법으로 공부를 하고 있다. 그러나 효과적으로 공부해서 성과를 거두어

만족해하는 사람들이 있는 반면, 그렇지 못한 많은 사람들은 공부와 멀어지게 된다. 공부로부터 멀어지는 대부분의 사람들은 자신의 특성에 알맞은 공부 방법을 찾지 못했기 때문이다.

자기주도학습 능력을 키우려면 나 자신의 공부 습관을 정확하게 진단하여 나만의 올바른 공부 방법을 꾸준히 실천해 나가야 한다. 그렇게 한다면 여러분도 자기주도학습 능력을 가진 멋진 학생이 될 것이다.

## 나의 자기주도학습 습관 체크리스트

이 습관 체크리스트의 목적은 자기주도학습을 하는 데 필요한 학습 태도와 올바른 습관을 가지고 있는지를 알려고 하는 것이다. 자신이 실행하고 있는 항목에 체크를 해보자. 자신의 학습 방법을 스스로 진단해보고 부족한 부분에 대한 학습 방법을 배워서 개선해 나간다면 누구나 자기주도학습 습관을 들일 수 있다.

### 1. 나를 알고 나에게 알맞은 목표 정하기

□ 나는 내 자신의 성격이나 행동을 좋아한다.

- 나는 나의 장단점을 5가지 이상 말할 수 있다.
- 나는 부모나 친구가 나를 어떻게 생각하고 있는지 알고 있다.
- 나에게는 분명한 꿈이 있고, 어떤 삶을 원하는지 알고 있다.
- 나는 자주 나의 목표를 머릿속으로 떠올려본다.
- 나는 닮고 싶은 사람이 있고, 그렇게 되기 위해 노력하고 있다.

## 2. 올바른 생각과 습관 들이기

- 나는 대체로 긍정적으로 생각하는 편이다.
- 나는 어려운 문제가 생기면 여러 가지 해결 방법을 생각해 본다.
- 나는 스스로 공부를 많이 하는 편이다.
- 나는 규칙적으로 생활하는 편이다.
- 나는 무엇이든지 한다면 할 수 있다.
- 나의 잘못된 생각이나 습관을 바꾸려고 노력하고 있다.

## 3. 학습의 원리 알기

- 나는 공부를 잘할 수 있다는 자신감을 갖고 있다.
- 나는 공부를 할 때 공부와 상관없는 잡념이 자주 생긴다.
- 나는 공부할 때 집중이 잘된다.
- 나는 지능을 발달시키는 방법을 알고 실천하고 있다.

☐ 나는 내 공부방을 잘 정리하는 편이다.

☐ 나는 자주 사용하는 나만의 공부 방법이 있다.

## 4. 시간 관리와 계획적으로 학습하기

☐ 나는 아침에 일찍 일어나서 20분 이상 독서나 공부를 한다.

☐ 나는 매일 일정한 시간을 정해 놓고 공부한다.

☐ 나는 공부나 일을 하기 전에 순서와 방법을 미리 생각한다.

☐ 나는 나만의 특색 있는 플래너를 만들어 활용한다.

☐ 나는 실천할 수 있는 학습 계획을 세우고 50% 이상 실천한다.

☐ 나는 계획한 일을 중간에 점검하거나 마친 후 성과를 분석해본다.

## 5. 수업 전, 수업 중, 수업 후의 공부 방법 알기

☐ 나는 2~3과목은 스스로 예습을 하고 있다.

☐ 나는 학교 수업 시간에 열심히 참여하고 있다.

☐ 나는 2~3과목은 스스로 복습을 하고 있다.

☐ 나는 과목별 공부 방법을 알고 있다.

☐ 나는 공부할 때 순서와 방법을 미리 생각해보고 학습한다.

☐ 나는 과목별로 노트 정리를 잘하고 있다.

## 6. 체계적인 독서와 정보 관리하기

- 나는 책을 읽기 전에 왜 읽어야 하는지 생각한 후에 읽는다.

- 나는 책의 종류에 따라 읽는 방법을 달리하여 읽는다.

- 나는 독서한 책의 내용에 관해 남과 이야기를 나누거나 글로 써본다.

- 나는 학교 도서관을 잘 활용하는 편이다.

- 나는 정보 사이트를 활용하여 공부하는 경우가 많다.

- 나는 공부할 때 교재, 노트, 참고서, 문제집 등의 자료를 잘 활용한다.


## 7. 부담을 줄이는 시험 전략 세우기

- 나는 시험 때가 되면 불안해서 공부가 잘되지 않는다.

- 나는 공부를 하는 것에 비해 시험 결과가 좋지 않다.

- 나는 시험 때가 되면 2주 전부터 계획을 세워 스스로 공부한다.

- 나는 교과별로 시험 공부하는 방법을 잘 알고 있다.

- 나는 시험 칠 때마다 항상 시간이 부족하다.

- 나는 시험이 끝난 후 틀린 문제를 분석하고 다시 공부한다.

**기적의 자기주도학습 솔루션 22**

## 수업 시간에 집중해서 선생님의 말씀 듣기

공부를 잘하는 학생들은 수업 시간에 선생님이 말씀하시는 내용을 그 자리에서 모두 자신의 것으로 만들기 위해 두뇌를 활발히 사용한다. 또 수업 시간 동안 스스로에게 이런 질문들을 던진다. '이 내용은 내가 이미 알고 있는 것과 어떤 관계인가?', '선생님이 오늘 수업 시간 중 특히 어떤 부분을 강조하셨는가?', '지난 번 수업 내용들과 함께 생각해볼 때 이번 단원에서 핵심적인 부분은 무엇인가?' 이처럼 하면 수업 내용을 단편적으로 받아들이는 것이 아니라 자신의 지식을 총동원하여 보다 유의미한 새로운 지식을 창출해 나갈 수 있다.

**02**

# 자기주도학습 방법 익히기_나를 알고 꿈 찾기

## 미래의 나를 만나는 여행

### 음식 대신 꿈을 먹고 살았던 월트 디즈니

가난한 미국의 한 가정에서 태어난 소년이 있었다. 그 소년은 어린 시절부터 그림 그리는 것을 무척 좋아했다. 하지만 마음대로 그림을 그릴 수가 없었다. 종이와 물감을 살 돈이 없었기 때문이다.

소년은 초등학생이 되자 열심히 아르바이트를 하기 시작했다. 자동차 세차, 구두닦이, 신문 배달, 안 해본 아르바이트가 없을 정도였다. 그렇게 모은 돈으로 소년은 그림 공부를 시작했다. 그는 그림 중에서도 만화를 그리는 만화가가 되고 싶었다. 힘든 하루 하루였지만 소년에게는 희망이 있었기 때문에 그리 힘들게 느껴지지는 않았다.

그렇게 시간이 흘러 그 소년은 어느덧 어른이 되었다. 그리고 자신이 그토록 원하던 만화가가 되었다. 그런데 이름 없는 만화가였던 그는 돈을 제대로 벌 수 없었다. 그는 돈을 벌지 못해 광고 회사에 취직했다. 광고 회사에서 1년 정도 근무하고 있던 어느 날 사장이 그를 불렀다. "자네는 아무리 봐도 광고에 어울리지 않네. 자네는 재능이 부족한 것 같으니 우리 회사에서 나가 주었으면 하네."

하지만 그는 자신의 어린 시절 꿈이었던 만화가를 포기할 수는 없었다. 그는 열심히 만화를 그려 출판사를 찾아가곤 했다. 하지만 만화를 들고 출판사에 가면, "원, 만화가 이렇게 재미가 없어서 어떻게 책으로 냅니까? 당신은 만화가로는 소질이 부족한 것 같군요."라는 소리를 듣기 일쑤였다.

그는 그 말을 들은 날, 너무나 절망했다. '과연 나는 재능이 없는 것일까? 이제 포기해 버릴까?', '아냐, 나는 만화를 사랑하고 내 일을 사랑해, 만화가는 내가 어린 시절부터 희망해왔던 꿈이잖아. 더 열심히 하다 보면 언젠가는 꿈을 이룰 날이 올 거야.'

작업실에 틀어 박혀 밤낮없이 만화를 그리고 있던 어느 날, 작업실 어디

선가 이상한 소리가 들려 왔다. "찍찍, 찍찍" 그것은 생쥐 소리였다. 그날따라 조그만 생쥐의 모습이 무척 귀여워 보였다. "생쥐야, 너도 나처럼 배고픈 신세지? 이 빵부스러기나 좀 먹으렴."

그가 책상에 있던 빵부스러기를 주자 생쥐는 맛있게 먹었다.

그런 생쥐의 모습을 보면서 그에게 좋은 생각이 떠올랐다. '생쥐를 귀여운 만화 주인공으로 그려보는 거야.' 그는 연필을 쥐고 미친 듯이 그림을 그리기 시작했다. "여보, 이것 봐. 어때 이 생쥐 귀엽지 않아?" 힘든 생활에도 남편을 믿고 남편의 꿈을 이해해준 아내는 생쥐의 모습과 이름까지 지어주었다. "여보, 귀여운 이 생쥐의 이름을 미키(Mickey)라고 하면 어떨까요?" 그는 생쥐 마스코트인 미키마우스로 만화를 그리기 시작했다.


어렵고 돈 한 푼 벌기 힘들었지만 자신의 꿈을 포기하지 않았던 사람. 그의 이름은 월트 디즈니(Walt Disney)이다. 미키마우스로 히트를 친 그는 이후에 백설 공주와 신데렐라, 피노키오 등의 만화를 그려 전 세계인들의 사랑을 받았다. 그는 그렇게 번 돈으로 1955년에 미국 로스앤젤레스에 어린이들의 꿈의 동산 '디즈니랜드'를 세웠다. 월트 디즈니는 훗날 신문 기자와의 인터뷰에서 이런 말을 남겼다.

"무명 만화가 시절, 무척이나 가난했고 먹을 것조차 제대로 없었습니다. 하지만 나는 음식 대신 꿈을 먹고 살았습니다."

## 나 바로 알기

사람은 저마다 아름다운 일을 하기 위해 이 세상에 태어났다고 한다. 세상에서 가장 소중하고 아름다운 사람은 바로 '나'다. 나는 어떤 아름다운 일을 하기 위해 태어났을까? 나를 돋보기로 들여다보자. 어떤 돋보기로 보느냐에 따라 내 자신과 세상이 달라 보일 것이다. 월트 디즈니는 하루도 빼놓지 않고 꿈을 가지고 있었다. 여러분은 어떠한가?

| 구분 | 부정 돋보기 | 긍정 돋보기 |
|---|---|---|
| 나의 몸과 외모 | | |
| 나의 성격 | | |
| 나의 습관 | | |
| 나의 미래 | | |

## 올바른 꿈을 찾기 위한 조건

월트 디즈니의 일화에서 우리는 무엇을 얻을 수 있었는가? 끊임없이 꿈꾸고 그 꿈을 위해 노력하면 반드시 이룰 수 있다는 '꿈은 이루어진다'는 평범한 진리일 것이다. 이것은 올바른 꿈을 찾기 위한 흔들리지 않는 조건이기도 하다. 그렇다면 다음 명제에 대입해보자.

**명제 1) 꿈은 누구를 위한 것인가?**

반드시 나를 위한 꿈이어야 한다. 월트 디즈니는 가난해서 그림조차 그릴 수 없었지만 자신이 좋아하는 그림에 대한 꿈을 버리지 않았다.

**명제 2) 현실적이고 실현 가능한가?**

지금 당장 이룰 수 없을지라도 충분히 현실적이고 실현 가능한 것이 었다.

**명제 3) 꿈을 이루기 위해 무엇을 해야 하는가?**

그림 공부를 위해 자동차 세차, 구두닦이, 신문 배달 등 안 해본 아르바이트가 없을 정도로 꿈을 위해 노력했다. 꿈이 현실이 될 수 있도록 노력한 것이다.

**명제 4) 꿈을 실현시키는 데에 있어 장애물은 무엇인가?**

월트 디즈니에게는 가난이 가장 큰 장애물이었다. 그토록 원하던 만화가가 되었지만 이름 없는 만화가는 돈을 제대로 벌 수 없었고, 그 가난은 어른이 되어서도 그를 괴롭혔다. 그러나 그는 인터뷰에서 음식 대신 꿈을 먹고 살았다고 할 만큼 치열하게 그 장애물을 이겨냈다.

자, 이번에는 여러분의 꿈 로드맵을 그려보자.

## 나의 꿈 로드맵

| 나의 장래 희망은 _____ 입니다. | | |
|---|---|---|
| 이유 | | |
| 시기 | 목표 | 목표를 이루기 위해 노력해야 할 일 |
| 개월 후 | | |
| 년 후 | | |
| 년 후 | | |

# 생각과 습관을 바꾸는
# 여행

사람의 마음이나 생각은 강력한 힘을 가지고 있다. 같은 현상을 두고 내가 어떻게 생각하느냐에 따라 결과가 달라진다. 여러 갈래로 생각해보고 긍정적인 생각을 갖는 것은 스스로에게 자신감을 갖게 한다.

## 긍정적으로 생각하기

다음 대한이의 생각을 읽고 두 글을 만들어 보자.

**대한이의 생각**　어느 추운 겨울날 대한이는 등굣길에 돌부리에 걸려 넘어졌습니다. 무릎을 심하게 다쳐 학교에 가지도 못하고 치료를 받은 후 집에 혼자 있게 되었습니다. 대한이는 오늘 일에 대해서 곰곰이 생각해보았습니다.

**예 1**　오늘은 참 재수 없는 날이다.　몹시 아프고 화도 났다.

**예 2**　마음이 한결 가벼워졌다. 혼자서 공부하는 것이 즐거웠다.

두 글을 비교하면서 같은 결과에 대한 생각의 차이가 생활에 어떤 변화를 가져오는지를 이야기해보자. 그리고 나의 자성 예언을 두 가지 정도 만들어 실천해보자.

## 나의 습관 고치기

잘못된 습관은 오래 될수록 고치기 어렵다. 습관을 바꾸는 데는 처음 1주가 가장 어렵다. 그러나 3주 정도 실천하면 습관을 바꾸는데 성공할 확률이 70% 이상이라고 한다. 같은 활동을 3주 정도 계속하면 우리의 뇌가 길들여지기 때문이다.

| 고치고 싶은 습관 | 언제까지 | 습관 고친 후의 모습 | 칭찬하기 |
|---|---|---|---|
| | | | |
| | | | |

## 공부에 알맞은 환경 만들기

### 더운 거 싫어, 축축한 거 싫어!

실내 온도는 20~23도, 습도는 40~70% 정도가 가장 적당하다.

### 자연광(햇빛), OK!

공부방은 햇빛이 잘 드는 곳이 좋다. 자연광은 학습 능률을 높여주고,

기분을 좋게 해준다.

### 맑은 공기, 좋아 좋아!

실내 공기는 바깥 공기보다 5배 이상 나쁘다. 실내 공기를 맑게 한다.

### 바퀴의자 안 돼요!

높낮이를 조절할 수 있고, 바퀴가 달려 있는 의자는 쉽게 움직여져서 공

부에 집중하는 데 방해가 될 수 있다.

### 공부방은 은은하게!

공부방의 전체 조명을 간접 조명으로 꾸며 은은하게 유지하면서, 책상

위에 따로 스탠드를 켜 두면 집중력을 높이는 데 도움이 된다.

## 학습의 원리를 알자

공부를 잘하고 싶다면 '잘할 수 있다.'

는 자신감부터 가져야 한다. 자신감을 가진 사람은 노력하면 된다는

믿음이 있기 때문에 어려운 문제가 닥치거나 결과가 좋지 않더라도

'다음에 잘하면 돼.'라고 생각하고 이겨 나갈 수 있다.

### 자신감을 키우는 전략

### 첫째, 작은 성공 경험을 만들어라

작은 일에 성공하는 경험은 자신감을 자극하여 미래에 더 큰 일을 해낼

수 있도록 해준다. 성공했던 경험이 쌓이면 자신감이 더욱 높아진다.

### 둘째, 다른 사람의 성공 경험에서 배워라

다른 사람이 성공을 거두는 것을 보게 되면 '나도 할 수 있다.'라는 자신감이 증가한다. 다른 사람의 성공 경험을 자신의 것으로 만들 수 있도록 해보자.

### 셋째, 성공했을 때의 자신을 상상하라

성공에 대한 기대나 확신이 크면 클수록 실제로 그 일을 성공적으로 해낼 가능성이 높아진다고 한다. 성공한 자기 모습을 생각해보자.

### 넷째, 실패에 대한 두려움을 최소화하라

실패는 생각하지 않는다. 만약 실패하면 또 다시 도전한다.

## 뇌를 발달시키는 방법

★ 스스로 학습하는 기회를 많이 가져야 한다. 새로운 지식을 많이 받아들여 자기가 스스로 생각하고 정리하면서 자기만의 새로운 구조를 만드는 기회가 많으면 많을수록 뇌가 더 많이 발달한다고 한다. 즉, 지능지수가 높아지는 셈이다.

★ 잠을 충분히 자야 한다. 잠은 단순히 휴식을 취하며 버리는 시간이 아니라 인간의 신체적·정신적 활동에 직접적인 영향을 주는 중요한 활동이다. 잠을 자는 동안 우리 몸은 성장은 물론, 피로 회복, 세포의 재생, 기억의 정리, 면역력 강화, 마음의 안정 등 엄청난 일들을 한다.

★ 규칙적이고 균형 잡힌 식사를 한다. 뇌에 도움이 되는 음식은 다음과 같다.

- 콩류 : 청국장, 된장, 두부, 콩류
- 등푸른 생선 : 고등어, 꽁치, 연어, 도미, 청어, 정어리, 뱀장어
- 불포화지방 함유 식품 : 검은깨, 아몬드, 호두
- 비타민 B군 함유 식품 : 현미, 돼지고기, 견과류, 김, 포고버섯

★ 모든 생물에게는 공기 다음으로 물이 중요하다. 물은 두뇌의 발달뿐만 아니라 인체 내에서 순환, 동화, 배설, 체온 조절 등의 기능을 한다. 성장과 뇌의 발달을 위해 1일 1.5~2리터 정도의 물을 마셔야 한다.

★ 알맞은 운동을 해야 한다. 규칙적인 운동은 뇌세포를 자극하여 지능 향상과 집중력에 영향을 준다. 또 운동은 신체 건강뿐만 아니라 스트레스 해소와 자신감 향상 등 감정적인 부분에도 영향을 준다.

**집중력 높이기 전략**

집중을 하지 않고 공부를 하는 것은 공부가 아니라 시간만 낭비하는 것이다. 집중력을 키우기 위해 자신의 집중력 방해 요소를 정리해서 제거해 나가는 노력이 필요하다. 다음과 같이 해보자.

★ 공부하는 데 최소한으로 필요한 것만 책상 위에 놓아라.

★ 활발한 두뇌 활동을 위해서는 충분한 수면이 필요하다.

★ 고른 영양 섭취와 아침식사가 중요하다.

★ 텔레비전 시청은 휴식이 아니라 집중력을 떨어뜨린다.

★ 컴퓨터 사용 시간을 줄이고 취미를 가져라.

★ 인스턴트 음식은 뇌와 소화에 영향을 주어 집중력을 떨어뜨린다.

★ 계획과 목표를 자주 확인하면 집중력이 높아진다.

★ 동시에 여러 가지 일을 하면 집중력이 떨어져 효과가 3분의 1로 줄어든다.

# 두뇌 속에 생각의 지도를 그려라

레오나르도 다 빈치는 화가였을 뿐만 아니라 지질학, 수학, 해부학, 광학, 항공학 등의 분야에서도 뛰어난 능력을 발휘하였다. 다 빈치가 이렇게 놀라운 업적을 이룬 것은 그의 독특한 사고법 덕택이었다. 스케치와 낙서, 비행기 설계도와 요리법, 심지어 농담에 이르기까지 여러 가지 기호와 단상들을 자유롭게 확장해 나가는 방식으로 아이디어를 메모하였다. 레오나르도 다 빈치뿐만 아니라 아인슈타인, 피카소, 에디슨 같은 천재들도 이러한 방식으로 기록한 수많은 메모를 남겼다.

## 03

# 시간 관리와 Plan이 성공을 좌우한다

## 시간 관리 기술

서울대에 합격한 학생들이 공개한 공부법 6가지 중 첫 번째가 '학습 계획 세우기'였다. '계획 없는 공부는 안하는 것과 같다.'고 할 정도로 학습 계획을 세우는 것은 중요하다.

할 일을 계획해서 사용하면 자유 시간이 많아져 다양한 취미 활동을 할 수 있고, 매일 정해진 시간에 학습을 하면 집중력이 좋아지며, 스스로 자신의 할 일을 찾아서 하기 때문에 내가 내 인생의 주인이 된다.

# 새벽 시간을 잘 활용하기 위한 5가지 원칙

새벽의 1시간은 저녁의 3시간과 맞먹는다.

원칙 1  밤 늦게 활동하지 않는다.

원칙 2  잠을 푹 잘 수 있도록 숙면에 방해되는 모든 것들을 없앤다.

원칙 3  자기 전에 내일 일어날 시간을 정해 마음속에 최면을 걸어 둔다.

원칙 4  아침에 할 일을 미리 정한다.

원칙 5  눈을 뜨면 바로 일어나고 절대로 다시 눕지 않는다.


# 학습 계획 세우기

막상 책상에 앉았는데 정해진 시간 내에 어떤 과제를 얼마만큼 달성해야겠다는 계획이 없으면 목표 의식이 생기지 않는다. 목표 의식이 없으면 집중력이 떨어지고, 집중력이 떨어지면 자꾸 다른 생각이 나거나 졸음이 오기 마련이다. 산에 오르기 위해서는 지도가 필요하고 바다를 항해하기 위해서는 나침반이 필요하듯이 매일의 공부도 학습 계획이 필요하다.

한국의 아키타, 기적의 분포초

# 학습 계획 세우기 원칙

## 원칙 1. 계획은 실행 가능해야 한다

계획은 실행하기 위해 세우는 것이다. 지키지 않을 계획을 세우는 것은 시간 낭비일 뿐이다. 실행하기 힘든 계획을 세우고 그 계획을 지키지 못하면 자신에게 실망하게 되고, 결국 계획 세우기를 포기하게 된다. 그러면 공부 균형과 집중력, 지속성이 깨지게 된다.

## 원칙 2. 계획은 조정 가능해야 한다

융통성이 있어야 한다. 계획을 아무리 잘 세워도 중간에 조정을 해야 할 필요가 생긴다. 무조건 계획을 그대로 따라야 한다고 생각하지 말아야 한다. 하지만 지나친 조정은 '오늘 못했으니까 내일 하지.'라는 나태함으로 바뀔 수 있으므로 주의해야 한다. 중요한 것은 최종 목표를 향해 계속 나아가는 것이다.

## 원칙 3. 계획은 관리해 나가야 한다

계획한 것을 실행하다 보면 때때로 나태해지기도 하고, 균형을 잃기도 한다. 계획과 실행 사이에 문제점이 생기면 계획을 수정해야 할 필요를 느낄 때도 있다. 이렇듯 계획은 관리가 필요하다.

### 자기주도학습에서 가장 중요한 부분은 시간 관리

∴
∴

지원이는 스스로 공부하는 습관이 무엇인지, 어떻게 해야 하는지를 학교에서 나누어준 자기주도학습 가이던스북을 보면서 자신만의 공부 방법을 찾아가고 있다. 자기주도학습에서 가장 중요한 부분은 '시간 관리'라고 생각한다.

지원이는 주간 계획표 '꿈마중'으로 일주일 동안 요일별로 자신의 공부할 학습 내용, 학습 분량, 학습 시간을 계획한다. 선생님께서는 지원이의 학습 계획을 일일이 체크해주신다. 일주일의 공부 과정을 마치면 지원이 스스로 잘한 부분과 부족한 부분을 정리하는 시간을 갖는다.

_이희옥(5학년 우지원 학부모)

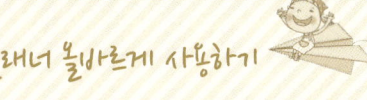

플래너 올바르게 사용하기

## 단순한 플래너 사용하기

복잡한 플래너는 시간을 낭비하게 만들어 결국 사용하지 않게 된다. 단순한 플래너를 사용해 자신에게 익숙하게 만드는 것이 중요하다. 자신이 간결하게 표를 그려 나만의 플래너를 만들어 사용하는 것도 좋은 방법이다.

## 단계적으로 사용하기

처음에는 공부할 것과 공부한 것만 기록하는 정도가 좋다. 그 다음에는 자기 반성을 추가하고, 그 다음에는 다른 것을 추가해 나간다.

## 하루에 최소 두 번 사용하기

하루를 시작하는 시간에는 플래너에 오늘의 할 일을 기록한다. 그리고 하루를 마감하는 시간에는 오늘 내가 실행한 계획을 기록하고 잠깐 반성하는 시간을 갖는다. 이 두 번의 시간은 반드시 필요하다.

# 20분 공부하고 10분 쉬어라

어떤 지식을 습득할 때, 정신없이 매달리지 않고 여유 있게 하면 좀 더 잘 기억할 수 있다. 심리학에서는 이를 일컬어 '요스트 법칙'이라고 한다. 새로운 정보를 연속해서 기억하려면 요스트가 주창한 '20분 학습, 10분 휴식'법으로 공부하는 것이 효과적이다. 예컨대 1시간 정도를 쉬지 않고 공부하면 30분쯤 지나서는 기억한 내용을 완전히 잊어 버릴 수 있다. 그러나 20분 공부하고 10분을 쉬면서 그동안 공부한 내용을 확인하는 과정을 거치면 망각률을 떨어뜨릴 수 있다.

**04**

# 자기주도학습 능력을 높여주는 독서와 정보 활용

## 자기주도학습 능력을 높여주는 책 읽기

### 목표를 정하고 독서하기

자기주도학습 능력을 키우는 진정한 힘은 '책 읽기'다. 학생들이 공부를 할 때나 정보를 수집할 때 책을 읽는 일은 빼놓을 수 없다. 결국 독서와 관련된 생활 습관이 자기주도학습 태도와 성적 향상에 직접적 영향을 준다고 할 수 있다. 그러나 학생들에게 무조건 책을 많이 읽으라고 해서는 안 된다. 독서 역시 목표를 설정하고 정리, 평가

하는 과정을 거쳐야 한다.

책의 종류나 읽는 목적에 따라 읽는 방법이 다양하다. 그러기 위해서는 부모가 먼저 책 읽는 방법(SQ3R, 즉 빠르게 읽기, 훑어 읽기, 자세히 읽기, 눈으로 읽기 등)에 대해 정확히 알아야 한다. 한 권의 책을 읽고 나면 반드시 부모와 함께 책의 내용이나 느낀 점, 알게 된 점 등에 대해 이야기를 나누고 다양한 형식으로 독후감을 쓸 수 있도록 해야 한다. 물론 독후감은 가능한 간단하게 쓰도록 해야 싫증을 느끼지 않는다. 독서-토의-토론-글쓰기를 함께하지 않으면 독서의 효과는 반감된다는 것을 기억해야 한다.

## 올바른 독서법

### 1. 읽기 전에 생각하기

1단계 : 장르 인식하기: 이 책은 어떤 책일까?

2단계 : 글의 화제 찾기: 무엇에 관해 쓴 책일까?

3단계 : 읽는 목적 인식하기: 이 책을 왜 읽으려고 하는가?

4단계 : 장르에 따른 독서 전략 알기: 이런 책을 읽는 방법은 무엇일까?

5단계 : 배경 지식 끌어 내기: 나는 무엇을 알고 있는가?

6단계 : 경험 되살려서 책과 연결하기: 내가 경험한 것은 무엇일까?

7단계 　:미리 의견 세우기: 내 생각은 이렇다.

8단계 　:스스로 질문하기: 이런 점이 궁금하다.

9단계 　:예측하기: 저자는 이런 내용을 썼을 것이다.

## 2. 생각하며 읽기

1단계 　:나와 다른 생각을 찾아 밑줄 긋기: 앗, 내 생각과 다르네.

2단계 　:새로운 정보 찾기: 몰랐던 내용이네.

3단계 　:아이디어 메모하기: 읽다 보니 번개처럼 생각이 떠올라요.

4단계 　:다음 내용 예측하기: 이 다음에는 이런 내용이 이어질 거야.

5단계 　:저자에게 질문하기: 왜 그런 생각을 할까?

6단계 　:중심 내용 찾기: 이게 바로 핵심이야.

7단계 　:낯선 어휘 찾아 이해하기: 꼭 알아 둘 어휘구나.

## 3. 생각 정리하기

1단계 　요약하기

2단계 　생각 지도 그리기

3단계 　내용 이해하기

4단계 　판단하기

5단계 　적용하기

6단계  문제 의식 갖기

7단계  관점 달리하여 보기

8단계  비교하기

9단계  상상하기

10단계  창의적으로 생각하기

11단계  주장하는 글쓰기

## 종류별로 책 읽기

책의 종류에 따라 읽는 관점을 달리하여 책을 읽으면 책의 내용을 바르게 이해하고 활용하는 데 큰 도움이 된다.

### 1. 문학 작품

- 책 속의 등장인물과 그 성격, 책의 내용을 바르게 파악하기

### 2. 위인전

- 전기의 주인공을 바르게 파악하기
- 전기의 주인공이 존경받게 된 점이 무엇인지 생각하기

## 3. 역사·과학책

- 사실을 제대로 파악하기
- 주인공이 살아온 모습을 시간의 흐름 속에서 파악하기
- 역사 속에서 어떤 인물이 새로움을 창조했는지 발견하기

## 4. 도감·사전류

- 새로운 지식과 정보를 찾아보기
- 조사한 내용을 보고할 수 있도록 적어보기

# 독서 감상문 쓰는 방법

독서 감상문이란, 책을 읽고 난 뒤 자신의 생각이나 느낌을 적은 글이다. 형식은 다양하지만 내용 면에서는 읽게 된 동기, 책의 내용, 인상적으로 느낀 장면 등이 들어 있다. 굳이 형식의 제약을 받지 않고 부담 없이 자유롭게 자신의 감상을 적어 나가면 좋은 감상문이 될 수 있다. 감상문의 제목은 가능하면 창의적인 것이 좋다.

# 형식에 따른 독서 감상문 작성법

## 1. 느낌 중심의 독서 감상문

- 줄거리는 되도록 짧게, 느낌과 생각이 전체적으로 포함되도록 쓴다.

## 2. 편지글 형식의 독서 감상문

- 인사말과 쓰는 사람 소개, 편지를 쓰게 된 이유, 책을 읽으면서 궁금했던 점, 새롭게 알게 된 점, 하고 싶은 말 등을 쓴다.

## 3. 동시 형식의 독서 감상문

- 책을 읽고 느낀 감상을 시처럼 행을 바꾸어 가며 표현하되, 자신의 감상을 알맞게 표현할 수 있는 시어를 찾아 줄여 쓰는 것이 중요하다.

## 4. 일기나 생활문 형식의 독서 감상문

- 책을 읽고 특별히 감동을 준 글귀나 느낌을 자유롭게 일기를 쓰듯이 쓰거나 책의 내용을 자신이 겪은 일과 연관지어 쓴다.

# 하루 10분! 5단계 글쓰기

**1단계** 주위에 있는 사진이나 그림처럼 구체적으로 눈에 보이는 대상을 보고 한 줄이나 두 줄 쓰기로 글쓰기 연습을 시작한다.

**2단계** 간단한 주제를 정해 놓고 짧은 글 쓰기를 한다. 한두 줄 정도의 짧은 글 안에서 적절한 접속사를 사용하고, 이야기의 시작과 끝이 잘 맞물리게 글을 쓰는 연습은 아주 좋은 글쓰기 훈련이 된다.

**3단계** 세계적으로 유명한 작가들은 한결같이 자신이 좋아하는 작가의 작품들을 그대로 베껴 쓴 경험을 가지고 있다. 여러분들도 좋아하는 동화나 이야기를 외우고 난 뒤 그대로 공책에 옮겨 쓰기를 해 보자.

**4단계** 읽은 책의 핵심 내용을 정확하게 파악해 몇 문장으로 요약하는 연습을 한다. 요약이란, 단순히 긴 글을 짧게 줄이는 것이 아니다. 요약은 주제와 핵심을 정확하게 파악하고 있어야만 가능하다.

**5단계** 마지막 단계로 글을 명확하게 쓰게 하는 뼈대 만들기를 한다. 뼈대 만들기란, 글감 찾기, 주제 정하기, 주제에 맞는 글감 고르기, 줄거리 쓰기를 말한다.

# 공부를 잘하려면 잘 자야 한다

숙면을 하려면 매일 같은 시각에 잠자리에 들고, 같은 시각에 일어나야 한다. 온수로 샤워를 하거나, 가벼운 소설을 읽거나, 음악을 듣는 것도 좋다. 반대로 긴장을 일으키는 생각이나 자극적인 내용의 텔레비전 시청은 피한다. 잠을 푹 자려면 잠자리 환경도 중요하다. 일단 침대는 바닥이 딱딱한 것이 좋다. 따뜻한 우유 또는 대추차를 마시면 숙면에 효과적이다. 특히 호두는 불면증에 시달리던 서태후가 애용했을 만큼 불면증에 효과가 있다. 반면 오후에는 커피, 콜라, 초콜릿 등 카페인이 함유된 음식은 삼가는 것이 좋다.

**05**

# 학교 수업으로 학력 높이기

## 공부 잘하는 5대 원칙

우수한 성적으로 대학에 입학한 학생들에게 "어떤 방법으로 공부했느냐?"라고 물으면 거의 모든 학생들이 '학교 수업을 열심히 하고 혼자서 예습, 복습을 했다'는 평범한 대답을 한다. 학력을 향상시키는 데는 학교 수업을 잘하고, 부족한 부분을 자기 스스로 학습하는 것이 가장 효과적이다. 학교 수업을 소홀히 하다 고등학교 이후에 실패하고 뒤늦게 후회하는 학생들이 매우 많다. 교과서가 가장 훌륭한 교재라는 사실을 몰랐기 때문이다.

그렇다고 맹목적으로 학교 수업에 매달려서는 안 된다. 아무 생각 없이 수업에 충실한다고 해서 저절로 성적이 올라가고 공부를 잘하게 되는 것이 아니기 때문이다. 성적도 오르고 자신감을 가질 수 있는 5대 원칙을 알아보자.

**원칙 1** 미리 예습을 해야 한다. 이때는 선행학습과 예습을 명확하게 구분해야 한다.

**원칙 2** 수업 시간에 적극적으로 활동해야 한다. 적극적인 활동이 흥미를 준다.

**원칙 3** 선생님이나 친구들의 말을 생각하며 들어야 한다. 집중하는 것이 공부다.

**원칙 4** 필기와 메모를 효과적으로 해야 한다. 큰 가지와 작은 가지를 분류할 수 있어야 한다.

**원칙 5** 반드시 복습을 해야 한다. 그날 배운 것은 그날 이해할 수 있도록 해야 한다.

# 수업에 자신감을 갖게 하는 예습

예습은 수업을 잘 듣기 위한 준비다. 수업을 잘 듣기 위해 준비한 사람과 준비하지 않은 사람은 어떤 차이가 있을까? 예습은 수업의 흥미와 집중력을 높인다고 한다. 오늘 무엇을 공부하는지 모르고 수업을 듣는 것보다 예습을 통해 오늘 학습하는 내용을 알고 수업에 임하면 수업 태도부터 달라진다.

❶ 교과서의 공부할 문제와 내용을 확인한다.

❷ 강조된 부분, 핵심 용어, 공식, 도표 등을 이해한다.

❸ 이해가 어려운 부분, 발표 내용, 질문 내용 등을 교과서에 표시하거나 간단히 기록해 둔다.

❹ 참고서, 사전 등 관련 자료를 찾아보거나 부모님께 여쭈어 보면서 더 깊이 공부하면 좋다.

❺ 예습은 과목당 10~20분 정도가 적당하다.

## 5분 예습법

따로 예습할 시간이 없다면 쉬는 시간을 활용해 5분만이라도 예습을 해보자.

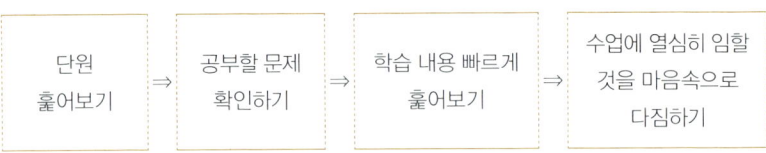

| 단원 훑어보기 | ⇒ | 공부할 문제 확인하기 | ⇒ | 학습 내용 빠르게 훑어보기 | ⇒ | 수업에 열심히 임할 것을 마음속으로 다짐하기 |

## 기억을 통해 창의력을 높여주는 복습

수업만 듣고 복습을 하면 보통 수업 시간의 2배 정도의 시간이 필요하다고 한다. 하지만 충분한 예습을 하고 수업 중에 예습할 때 부족했던 공부를 마무리하면 복습 시간은 수업 시간의 절반만으로도 충분하다.

복습은

첫째, 빨리 할수록 좋다. 그리고 그날 배운 것은 그날 복습해야 한다.

둘째, 반복해야 오래 기억할 수 있다. 1주, 2주, 4주 단위로 늘려 나가라.

셋째, 무조건 외우지 말고 내용을 이해하면서 외워라.

## 복습하는 방법

| 공부한 내용<br>확인하기 | ⇒ | 이해하기와<br>암기 문제풀이 하기 | ⇒ | 요약하고<br>말로 설명하기 |
|---|---|---|---|---|

❶ 이해한 것과 이해하지 못한 것을 구분한다. 이해하지 못한 개념은 교과서를 통해 정확히 개념을 알도록 한다.

❷ 외워야 할 것은 외운다.

❸ 그날 배운 내용에 대해 문제풀이를 한다. 문제집은 최근에 출간된 책을 선택하되, 자신의 수준에 맞는 것을 선택한다.

## 5분 복습법

수업을 듣고 바로 복습하는 것이 가장 효과적이다. 쉬는 시간, 점심시간을 활용해보자.

| 수업 시간에 강조한<br>중요한 내용을<br>빠르게 확인하기 | ⇒ | 암기해야 할 것을<br>표시하고 잠시<br>머릿속으로 암기하기 | ⇒ | 당장은 못 하지만,<br>나중에 복습할 때<br>무엇을 중점적으로<br>공부할지 생각해보기 |
|---|---|---|---|---|

**기적의 자기주도학습 솔루션 26**

## 아침밥을 먹으면 뇌가 깨어난다

뇌는 포도당만으로 에너지를 보충하기 때문에 뇌를 깨우려면 반드시 아침을 먹어야 한다. 아침밥을 먹으면 쌀을 통해 섭취된 탄수화물이 소화되면서 포도당으로 분해된다. 뇌에는 포도당을 따로 저장하는 공간이 없기 때문에 뇌가 활동을 하려면 혈액 속의 포도당 농도가 일정하게 유지되어야 한다. 아침을 굶으면 시상하부의 식욕 중추가 흥분하면서 불안감과 피로, 초조함을 느끼게 된다. 많은 의료진의 연구 결과 아침을 먹는 아이들이 먹지 않는 아이들보다 집중력과 학습 능력이 높은 것으로 밝혀졌다.

## 교과별 노트 필기와 활용법

### 국어, 영어

교과서를 공책처럼 활용하는 것이 더 효과적이다. 문장 속에서 내용을 이해해야 하므로 교과서에 필기를 하고 필요한 경우 포스트잇을 사용하여 내용을 보충한다.

## 수학

수학은 문제풀이 공책을 활용하는 것이 좋다.

- 수학 문제 풀이 공책을 한 권 준비하여 네 부분으로 나눈다.
- 수학 문제를 풀다가 틀리면 지우개로 지우지 말고 옆 칸에 다시 풀어 풀이 과정에서 어느 부분을 틀렸는지 표시해 둔다.
- 수학 교과서(또는 수학익힘책)의 응용 문제, 문제집의 모르는 문제나 틀린 문제는 반드시 공책에 문제와 풀이 과정을 적도록 한다.

## 사회

사회는 지도와 그림 자료들을 붙여서 활용하는 것이 좋다. 특히, 지도나 연표 등은 직접 그려서 이해하고 기억하도록 한다.

## 과학

과학은 실험 교과서를 활용한다. 왼쪽 면에는 교과서와 참고서를 참고하여 과학 실험을 정리하고, 오른쪽 면에는 생각한 내용을 적어 둔다.

# 문제 해결력을 배양시켜라

왜 아이들은 아는 문제를 자꾸 틀리는가? 주된 이유는 '개념'에 대한 이해 부족에서 기인한다. 무엇을 해야 하는가? 문제 해결의 출발점은 문제를 정확히 이해하는 것에서 시작된다. 그 다음에 할 일은 문제를 해결하는 과정을 제대로 이해하고 있는지 점검해보는 것이다. 한 문제를 풀더라도 풀이 과정을 꼼꼼하게 서술하면서 풀어 나가도록 한다. 수학자인 폴리아는 문제를 해결하는 과정을 4단계로 나누어 설명했다. '1단계. 문제를 이해하라 2단계. 계획을 수립하라 3단계. 계획을 실행하라 4단계. 반성하라'가 그것이다.

## 메모하는 방법

### 1. 노트 고르기

- 일반 유선 노트를 고른다(교과 학습장).
- 수학 문제 풀이 노트
- 수학 오답 노트

## 2. 가장 기본이 되는 필기 도구

- 검은색 펜 : 본문 내용을 적을 때 사용한다.
- 빨간색 펜 : 중요한 내용을 필기할 때와 교과 학습장의 요약 영역의 내용을 적을 때 사용한다.
- 파란색 펜 : 그 밖의 보충 설명을 적을 때 사용한다.
- 노란색 형광펜 : 기본적으로 중요한 것들에 밑줄을 그을 때 사용한다.
- 분홍색 형광펜 : 정말로 꼭 알아야 할 내용이나 긴 내용에 밑줄을 그을 때 사용한다.


## 3. 메모하는 방법

- 교과서에 메모하기 : 수업 도중 틈틈이 중요한 내용을 교과서에 간단히 메모한다. 메모할 공간이 부족하다면 교과서에 포스트잇을 붙여 정리한다.
- 교과 학습장에 정리하기 : 교과서에 메모한 내용은 학교 수업 후나 집에서 교과 학습장에 정리한다. 참고서 내용을 추가해도 된다. 이때에도 포스트잇을 사용하면 효과적이다.
- 여백 활용하기 : 사회 과목은 교과 학습장의 여백에 지도, 유물, 그림을 그려 넣거나 프린트로 인쇄해서 붙이는 것이 효과적이다.

과학 과목은 그래프를 그려 넣거나 어려운 낱말의 뜻을 찾아서 써 놓는 것이 효과적이다.

- 간단히 적기 : 교과서처럼 문장을 풀어서 쓰기 보다는 문장을 줄여서 간단히 쓰는 것이 효과적이다.

## 교과서 학습장 쓰는 방법

### 1. 수업 시간 전 필기하기

- 아침 자습 시간을 활용하여 교과 학습장에 그날 학습 단원명과 학습할 문제를 적는다.

### 2. 수업 시간에 필기하기

- 노트 필기 영역 부분에 자기만의 규칙을 정하여 필기하고, 키워드 영역에는 수업 시간에 떠오르는 아이디어나 질문을 적는다.

### 3. 수업 시간 후 필기하기

- 노트 필기 영역과 키워드 영역을 보면서 파란색 펜으로 보충하거나 키워드 영역의 질문에 대한 답을 찾아서 적고, 요약 영역에 학습 문제에 대한 답, 중요한 단어, 문장을 빨간색으로 적는다.

# 교과 학습장 정리하는 방법

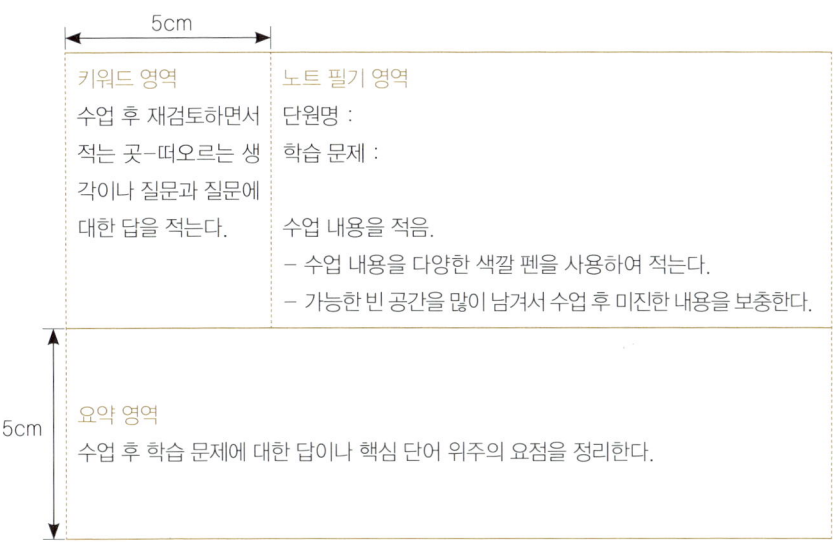

|  | 5cm |  |
| --- | --- | --- |

**키워드 영역**
수업 후 재검토하면서 적는 곳–떠오르는 생각이나 질문과 질문에 대한 답을 적는다.

**노트 필기 영역**
단원명 :
학습 문제 :

수업 내용을 적음.
– 수업 내용을 다양한 색깔 펜을 사용하여 적는다.
– 가능한 빈 공간을 많이 남겨서 수업 후 미진한 내용을 보충한다.

5cm

**요약 영역**
수업 후 학습 문제에 대한 답이나 핵심 단어 위주의 요점을 정리한다.

# 오답 노트 작성법

- 우선 공책의 반을 접는다. 오답은 왼쪽에 적고, 틀린 이유, 정답, 풀이 과정은 오른쪽에 적는다.

- 맨 위에는 시험 날짜, 시험 이름, 과목, 점수를 적는다.

- 국어나 사회는 오답 노트에 쓸 내용이 많고 보기가 들어가는 문항이 많아 오답 노트 작성이 적당하지 않다고 생각된다면, 포스

트잇을 활용하여 틀린 문제에 붙이는 방법을 사용한다. 문제집에 활용하면 효과적이다.

## 수학 문제의 경우

| | |
|---|---|
| 5월 26일(목)/중간고사/수학/90점<br><br>1. 산정초등학교 학생들이 뮤지컬을 관람하였습니다. 남학생 579명, 여학생 632명이 관람하였다면 뮤지컬을 관람한 학생은 모두 몇 명인가요? | 〈틀린 이유〉 일의 자리의 계산에서 9와 2를 더해야 하는데 곱했기 때문이다. 이제 계산 실수를 하지 않도록 더 꼼꼼히 문제를 살펴보고 풀어야겠다.<br><br>〈정답〉 1211<br><br>〈풀이 과정〉<br><br>    579<br>  + 632<br>  ‾‾‾‾‾<br>   1211 |

| 주기적인 4회 복습 | 10분 후 복습 | ⇒ 장기 기억 |
|---|---|---|
| | 1일 후 복습 | |
| | 1주일 후 복습 | |
| | 1달 후 복습 | |

▲ 가장 효과적인 기억 방법

# 운동을 병행해야 공부도 잘한다

공부만 하는 학생보다 공부와 운동을 병행하는 학생들의 성적이 더 좋다. 운동을 하면 뇌 혈류량이 증가하고, 신경 전달 물질이 효과적으로 전달되어 시냅스 간의 연결망이 촘촘해진다. 공부를 잘하는 아이들이 주로 하는 운동은 발에 자극을 주는 조깅, 걷기, 테니스, 농구, 줄넘기 등이다. 발바닥에는 인체의 모든 신경이 밀집되어 있다. 독일의 과학자들이 사람들의 발바닥을 최대한 자극하여 걷게 한 뒤 어휘력 테스트를 해본 결과 암기 속도가 평소보다 20%나 빨라졌다고 한다.

## 정보 활용 학습

공부를 하다 혼자서 해결하기 어려운 경우 그 문제를 어떻게 해결할까? 대부분의 아이들이 부모님이나 선생님께 물어보기도 하겠지만, 참고서나 사전, 관련 도서를 찾아보거나 해당 사이트를 검색해볼 수도 있다.

❶ 국어사전, 백과사전, 학습사전 등의 사전을 활용하면 도움이 된다. 그러기 위해서는 사전 찾는 법과 사전의 특징을 미리 알고 있어야 한다.

❷ 학교 도서관을 활용하면 여러 가지 책이나 자료를 검색해 볼 수 있다. 또 학부모는 학교 도서관에 직접 가서 도서관 운영 체계와 장서 정도를 미리 알고 자녀를 지도해야 한다.

❸ 여러 가지 교육 사이트에 접속하여 학습할 수 있다. 가족과 함께 접속 방법을 익히고 사이트별 특징을 알아야 한다.

예를 들면, EBS 교육방송(http://ebs.co.kr)의 초등 사이트(http://primary.ebs.co.kr/main/primary)에는 학년별 강좌, 개인 학습 관리방, 시험 대비 특강, 학업 성취도 평가 등이 있고, 에듀넷(http://www.edunet4u.net/intro.do)은 기본, 이해, 심화 등으로 분류되어 있어 능력별 수업이 가능하며, EBS 초등 내공 냠냠은 교과서의 내용을 기본으로 하여 구성되어 있다. 이 밖에도 교육청 운영 사이트, 사이버스쿨, 사설 사이트 등 수없이 많기 때문에 자기에게 알맞은 사이트를 선택하여 학습하도록 한다.

❹ 학습에 필요한 참고서나 문제집 등도 시중에 많이 나와 있다. 도서의 종류에 따라 특징이 있으므로 자신의 학습에 도움이 되는 종류의 책을 선정하여 학습한다. 부모님과 함께 서점에

가서 여러 종류의 도서를 비교해 보는 것도 공부에 많은 도움이 되며 친구들의 의견도 참고하도록 한다.

**자기주도학습을 접하기 전에는 혼자서 요점 정리를 해본 적이 없었다**

⋮

시험 공부를 할 때도 문제집을 푸는 데 중점을 두었다. 지금은 문제집을 풀기 전에 교과서를 읽으면서 요점 정리를 하고 있다. 교과서를 읽으면서 색깔 볼펜, 노트, 포스트잇 삼총사로 혼자서 요점 정리를 하는 모습이 정말 대견스럽다.

**색깔 볼펜**

색깔 볼펜도 검은색은 일반적인 설명을 쓸 때, 빨강색은 핵심 내용, 파란색은 보충 내용으로 사용하면 효과가 좋다고 배웠다면서 배운 것을 실천해보고자 하는 의지를 보여 대견스러웠다. 재경이는 형광펜을 유난히 좋아한다. 노란색은 '중요한 내용', '빨간색은 기억을 해야 하는 핵심적인 내용', 연두색은 '몰랐었는데 새롭게 알게 된 내용' 등으로 정하여 잘 활용하고 있다.

## 포스트잇

줄이 있는 포스트잇은 요점 정리를 하거나 중요한 내용을 적어 둘 때 편리하고, 줄이 없는 포스트잇은 사회나 과학에서 그림이나 도표 등을 메모할 때 편리하다고 재경이가 가이던스쿨에서 배운 것을 설명해주었다.

## 노트

재경이는 노트 필기법에 관심이 많다. 노트의 왼쪽 부분에는 핵심 내용을 쓰고, 하단 부분에는 요약을 쓰는 방법 등 가이던스쿨에서 배운 노트 사용법을 사회 공책에 활용하고 있다.

_김지현(5학년 김재경 학부모)

**해야 할 일을 미루지 않고 매일하도록 했다**

· 
· 
· 
□ 30분 공부는 그날 배운 중요 과제를 중심으로 한다.

□ 선생님과 일대일 수업을 놀이와 대화로 한다.

첫째, 공부방에서 예습·복습을 하고, 과제를 숙제로 한다.

둘째, 틀린 문제, 어려운 문제는 스스로 체크해서 물어보고 풀어본다.

아이에게 가장 강조하는 것은 그날의 과제나 해야 할 일을 미루지 않고 매일 할 것을 반복해서 강조한다.

_강현주(5학년 김하림 학부모)

## 수학을 못하고 싫어하는 아이에게 무조건 하루에 딱 한 문제씩만 풀도록 했다

．
．
．

수학 문제를 풀 때 이해가 잘 안 되니까 글이 조금만 길어져도 짜증을 내고 10문제 풀어서 5문제 맞추면 감사할 정도라서 1장 풀고 설명하는 데도 하루 종일 걸리니 어디서부터 손을 대야 할지 참 난감했다. 엄마 욕심은 끝이 없는데 아이가 가진 것은 너무나 부족하니 어쩔 수 없이 욕심을 접을 수밖에 없었다.

수학을 못하는 것보다 수학을 싫어하게 된 것이 더 안타까운 상황이었기 때문에 그때부터 쉬운 문장제 문제부터 시작해서 무조건 하루에 딱 한 문제씩만 풀도록 했다. 무조건 혼자서 문제를 10번 이상 읽어보게 하고, 그래도 못 풀면 소리 내어 읽어 보게도 하고, 영어 문장을 해석하듯 단어 하나하나를 설명해주고 어디서 끊어 읽어야 하는지 가르쳐주면서 다시 읽어보게 했다. 하루에 한 문제를 읽으니 나중에는 거의 문제를 외우다시피 했다. 그렇게 푼 문제는 2문제, 3문제로 늘리는 방식으로 거의 1년 반 정도를 공부했다. 그후에는 수학을 즐기지는 않지만 혼자서도 짜증 없이 몇 장씩 풀어오니 그냥 고맙고 다행이라 생각한다.

아이의 공부습관이 자리 잡으려면 앞으로 더 많은 시간이 걸릴 것이지만 조바심 내지 않고 아이를 믿고 기다리려고 한다. 주위의 시선이나 강요에 위한 것이 아니라 자기 스스로 즐기며 성취감과 만족감을 느껴본 아이만이 질 때도 웃으면서 질 수 있고, 이길 때도 상대방의 실력을 인정하면서 자기와의 힘겨운 싸움에서도 이겨낼 수 있을 것이라 믿는다.

_박수진(5학년 정다윤 학부모)


## 사회 단원 평가 100점 전략_ 그날 학교에서 배운 부분을 교과서로 읽기

:
:

시키는 공부에만 길들여져 있던 성원이가 변화를 나타내기 시작한 것은 5학년부터였다. 담임 선생님께서는 평소에 그날그날의 복습, 예습을 중요하게 생각하셨다. 선생님의 영향으로 학습 태도가 조금씩 바뀌었다. 학교에 다녀와서는 학원 숙제나 문제집을 풀기보다는 제일 먼저 그날 배운 부분을 교과서로 차분히 읽었다.

그런 다음 '교과 학습장'에 복습 또는 예습을 기록하였다. 그렇게 꾸준히 교과서를 읽고 예습·복습을 하다 보니 드디어 습관이 몸에 배기 시작해 스스로 책상 앞에 앉아서 학습을 하였다. 중간고사, 기말고사 때도 엄마가 내용 정리해 줄 것도 없이 문제집 풀고 정리해서 좋은 성적을 거둘 수 있었다. 특히, 10권의 문제집을 풀기보다는 교과서를 평소에 꾸준히 읽어서 결과가 좋았다고 생각한다.

지난 주에는 사회 1단원 평가가 있었다. 성원이는 여름부터 12월에 있을 영재원 준비를 하느라 단원 평가를 따로 대비할 시간이 없었다. 시험 치기 전날 밤까지도 사회 문제를 하나도 풀지 못했다. 성원이도 걱정은 했지만 문제 풀이보다는 교과서 읽기를 해야 한다면서 사회 교과서를 한 번 정독하고 학교를 갔다.

수업을 마치고 집에 와서도 애매한 문제가 2~3개 있었다면서 확인하는 모습을 보았다. 그런데 다음 날 점수가 100점이라며 돌아왔다. 평소에 1주일 간의 요점 정리로 주간 복습을 하고 교과서 읽기를 하면서 이뤄 낸 결과이다. 100점을 맞지 않았다고 하더라도 스스로 공부하는 그런 모습을 칭찬해주고 싶다.

_김정숙(6학년 설성원 학부모)

# 디지털 교과서로 자기주도학습 습관 들이기

2011년, 교과부는 2014년 초등학교를 시작으로 2015년까지 초·중·고교 전 교육과정에 '디지털 교과서'를 활용하고 '온라인 평가'를 실시한다는 내용의 '스마트 교육 시행령'을 발표했다. 시대가 바뀌고 정책이 바뀌면서 우리 아이들의 교육 환경도 바뀌기 시작했다. 우리 아이들은 이제 디지털 교과서를 기반으로 한 새로운 자기주도학습 습관을 들여야 한다. 그렇다면 시대가 요구하는 '디지털 교과서' 활용 능력을 배양하려면 어떻게 해야 할까?

현재 전국 초등학교 99%에서 수업과 평가에 활용되는 초등 교과 자료 '아이스크림'의 노하우가 접목된 초등 자기주도학습 프로그램인 '홈런'(www.home-learn.com)에서 직접 체험해보자.

## 효과적인 예습과 복습이 가능하다

'홈런'은 각 과목의 특성에 따른 과목별 일일 학습을 제공해 효과적인 예습과 복습이 가능하다. 먼저 개념을 익히고 내용을 확실히 이해한 후, 심화 학습이 이루어진다. 플래시와 애니메이션, 다양한 동영상 학습은 개념을 보다 재미있고 알기 쉽게 이해하도록 해준다. 인터넷에 익숙해진 아이들이 좀 더 효율적으로 이용할 수 있을 것이다.

▲ '홈런' 홈페이지

개념 이해 단계 ➤ 개념 다지기 단계 ➤ 실력 평가 단계

▲ 홈런의 3학년 1학기 과학 학습 예시

### 학교 시험에 대비할 수 있다

단계별, 난이도별, 유형별 문제로 구성하여 학교 시험에 대비할 수 있으며, 단답형 주관식과 서술형 주관식의 경우 직접 펜으로 입력할 수 있도록 하여 초등 저학년 학생들도 답안을 작성하는 데 쉽게 적응할 수 있다.

### 학교 숙제와 심화 학습이 가능하다

교과서를 집에서 볼 수 있도록 전 학년 전 과목의 내용과 해답을 모두 제시해주며, 좀 더 쉽게 이해할 수 있도록 동영상을 제공해 준다. 또한 교과서 용어와 숙제 용어 관련 사이트 등이 링크되어 있어 편리하며, 영어 단어와 연산력 등 초등 학습 과정에 필요한 심화 학습도 가능하다.

**아이 수준에 맞는 디지털 교과서**

　기존의 교과서는 한정된 내용과 최신 정보를 반영하기가 어려웠다. 또한 학습 활동에도 한계가 있었다. 그러나 디지털 교과서는 참고서와 문제집이 필요없고, 내 수준에 맞는 관리가 가능하기 때문에 스스로 공부하는 데 손색이 없다.

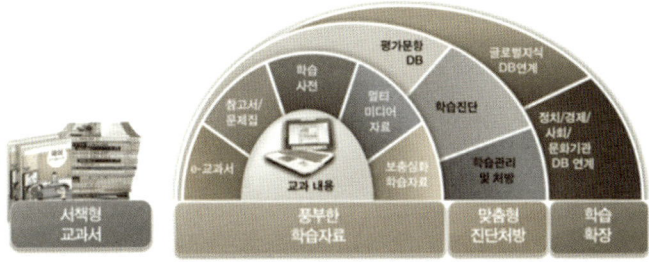

- 한정된 내용
- 최신 정보 반영 어려움
- 제한된 학습 활동

- 참고서와 문제집이 필요없고
- 내 수준에 맞는 관리가 이루어져서
- 스스로 공부하는 데 손색이 없는 맞춤 학습 교재

▲ 디지털 교과서 개념도 : 교육과학기술부 '스마트 교육 추진 전략(안)' (2011년 6월)

- 조경순 교장선생님과의 인터뷰 -

## "SL6 프로젝트는 아직도 성장하고 있다!"

|Q|    1차년도의 놀라운 성과에 이어, 현재의 SL은 어떻게 성장해 가고 있는가?

|A|    금년에는 가이던스쿨의 주당 시간을 늘려서 14시간으로 운영하고 있다. 작년까지 운영한 결과 자기주도학습 필수 전략을 안내하는 시간(10시간)이 부족하다는 판단에 따라 금년에는 전체 과정(초·중급 과정 포함)의 시간을 늘려서 운영하고 있다. 또한 가이던스쿨 운영을 토요일까지 연장함으로써 학교에서 준비한 가장 매력적인 토요 프로그램으로 자리매김하고 있다. 지금은 가이던스쿨 수강 희망자가 계속 증가하여 학년별 운영 기수를 늘려야 할 형편이다.

아울러 교실 수업 개선을 통해 자기주도학습 능력을 증진시키기 위한 맞춤식 수업도 확대 실시하고 있으며, 국어과 평가와 연계한 단계별 독서 교육에서는 평가 문항의 수를 점차 늘려가고 있다.

|Q| 자율동아리 활동이 어떻게 진행되고 있는지와 그 효과가 궁금하다.

|A| 자율동아리는 우리 아이들이 가장 좋아하는 프로젝트이다. 학습동아리 20개 팀, 예술문화·동아리 21개 팀, 체력 관리 클럽 15개 팀, 총 56개팀 300명이 넘는 회원이 활동하고 있다.

무학년제로 운영하는 동아리 활동은 아이들뿐만 아니라 선생님이나 학부모들의 관심과 지원이 많다. 아이들은 개별 동아리실을 원하지만 학교 여건상 충분한 활동실을 확보해주지 못해서 마음이 아프다. 작년 11월에는 학교의 중요 행사로 동아리 아동들이 주축이 되어 진행하는 '맛보고, 즐기고, 배우는 분포 자기주도학습 축제'를 성대하게 개최하였는데, 올해도 멋지게 개최하기로 아이들과 약속되어 있다. 제1회 축제의 과정을 통해 아이들이 보여준 자율적인 활동 모습은 가슴 뭉클한 감동이 아닐 수 없었다.

담임 선생님들의 평가도 긍정적이다. 자율동아리 활동은 자연스럽게 더불어 생활하는 습관을 형성시키면서 자율성을 기르는

좋은 프로그램이라는 것이다. 다른 학교에서도 시도해보기를 적극
권장한다.

**|Q|  자기주도학습이 학력에 미치는 상관관계는?**

|A|  2011학년도 전국 학업성취도 평가 결과에서 전국 최상위권
에 속했으며, 학생 수가 아주 적은 소규모 학교를 제외하면 부산에서
는 사실상 1위이다. 이와 같은 결과는 자기주도학습이 학력을 향상
시킨다는 실증적인 사례로 볼 수 있다. 앞으로도 학력 신장과 인성
교육에 중점을 두고 운영하고자 한다.

**|Q|  학생, 학부모의 반응은?**

|A|  자기가 다니는 학교의 자랑거리를 '자기주도학습을 잘하는
학교'라고 당당하게 말할 수 있는 아이들이 과연 얼마나 될까? 우리
학교의 아이들은 자기주도학습을 열심히, 잘하는 학교에 다니고 있
다는 것을 자랑스럽게 여긴다.

KEDI에서 조사한 학교 교육만족도에서 알 수 있듯이 이미
우리 학교 학부모들의 믿음은 매우 높은 수준이며, 창의경영학교 운
영을 위한 별도의 프로젝트가 아니라 모든 내용을 정규 교육과정 운
영을 통해 자녀들의 학력을 높이고 바람직한 인성을 길러주고 있음

을 알고 많은 격려와 지지를 보내준다.

| Q |     수십 개 학교가 분포초를 벤치마킹하기 위해 다녀간 것으로

들었는데?

| A |     지난해부터 전국적으로 80여 개가 넘는 학교가 우리 학교

를 방문하여 연수를 받고 갔다. 초등학교에서 자기주도학습 방법을

이렇게까지 체계적으로 지도하고 있는 것에 대해, 또 그 성과에 대해

알고 다들 놀라워했다.

　　　　몇몇 학교에서는 먼 거리인데도 전 교직원이 전세 버스로 연

수를 오기도 하고, 시·도 교육청의 업무 담당 장학진들이 우리 학교

의 사례를 벤치마킹하기 위해 몇 시간씩 차를 타고 오기도 했다. 한

번의 방문으로 운영 노하우를 다 알기 어려운 경우에는 서너 차례에

걸쳐서 방문 연수를 하기도 했다.

| Q |     전국 초등학교 대표로 교육 콘서트에 패널로 참여하신 것으

로 알고 있는데?

| A |     지난해 9월 22일 '선진 대한민국의 인재 양성을 위한 초·중

등교육의 중장기 개혁 방향'이라는 주제로 국무총리 공관에서 교육

계 인사 간담회가 개최되었는데, 전국 초등학교 대표로 참석하여 우

리 학교의 사교육절감형 창의경영학교의 성공 사례를 발표했다.

　　이 자리에서 나는 대부분의 학교에서 사교육을 줄이기 위해 추진하고 있는 방과 후 학교의 확대만으로는 성공적인 결과를 가져오기 어려우며, 학생들이 스스로 공부할 수 있도록 자기주도학습 습관을 형성하는 것이 공교육의 신뢰를 회복하는 지름길이라는 것을 강조하였다. 이와 아울러 우리 학교에서 주력하고 있는 자기주도학습 매니페스토와 맞춤 교육, 단계별 독서 교육 등의 프로젝트를 소개하여 좋은 호응을 얻었다.

　　또 금년 5월 9일에는 서울 노원문화예술회관에서 교과부장관과 함께 하는 '제3회 서울필통(必通)톡-우리 아이 창의적 인재로 키우기'에 패널로 참석하기도 했다. 새로운 가치를 창출하고 동시에 더불어 살 줄 아는 인재를 양성하는 것이 목표인 분포초의 사례 중 SLM과 가이던스쿨, 그리고 현재 56개 팀 300여 명이 활발히 활동하고 있는 '자율동아리'활동을 소개하였다.

　　관심 주제가 비슷한 학생들끼리 좀 더 깊이 연구하고 공부할 수 있도록 자율적으로 모여서 관련 활동을 아이들 스스로 계획하고 실천, 검토, 평가까지 하며 어른들이 생각하지 못한 다양한 활동들을 펼치며 서로 협동하면서 성장해가는 이러한 활동이야말로 아이들의 창의성을 키우는 것이다. 또 활동 중에 서로 돕고 협동하며 함께 성장하는 것이 요즈음 학교 교육에서 부족한 인성 교육에도 효과적이라는 점 등에서 많은 사람들의 공감대가 형성되었으며, 앞으로 다른 학교에서도 널리 실시되기를 바란다고 하였다.

|Q| 앞으로의 학교 운영 방향은?

|A| 우리나라 대부분의 초등학교가 그렇듯이 학교 나름의 전통적인 특색이 부족하다.

'분포초등학교'라는 이름만 들어도 'SL'로 교육을 선도하는 학교로 자리매김하고 싶다. 지금까지는 '자기주도학습'에 주로 중점을 두었는데, 앞으로는 학생들이 자기의 생활 전반을 스스로 계획하고 실천해 나갈 수 있도록 '자기주도 생활 습관 형성'으로 확산해 나가려고 한다. 스스로 공부하고 생활하는 습관을 들이면 학생 스스로 자긍심을 갖고 활동할 것이며, 창의 인성 교육도 잘 이루어져 현재 사회 문제가 되고 있는 '왕따'나 '학교 폭력' 등도 줄일 수 있을 것으로 생각한다.

천재는 하늘이 내린 재주를 가진 사람이라고 하지만, 수재는 학생들이 지닌 적성이나 재능 중에서 개인의 영재성을 찾아내어 우수한 능력을 계발한 학생들이다. 학생 개개인의 영재성을 발굴해서 그들이 갖고 있는 능력을 극대화 시키려면 그에 맞는 맞춤식 교육이 필요하며, 이러한 교육이 바로 창의 교육이라고 생각한다.

학생들이 가진 재주는 매우 다양하다. 공부를 잘하는 것도 그 다양한 재주 중의 하나이며, 우리 학생들 중에는 예·체능이나 기능이 우수한 학생들도 많다. 교육은 그렇게 다양한 재능을 가진 우리 학생들에게 맞는 맞춤식 교육을 제공해야 할 것이다. 단지 득점 위주의 단기 완성 교육, 속성 교육만으로는 이러한 학생들의 영재성을 발굴하여 계발하기란 참으로 어렵다.

교육은 단기 교육이 아닌 장기 교육이어야 하는 이유가 바로 여기에 있다. 누에가 뽕잎을 먹고 비단실이라는 전혀 다른 가치를 생산해내듯이 우리 아이들도 부모가 믿어주고 칭찬하며 지지해준다면, 저마다 가지고 있는 남다른 소질과 영재성을 충분히 발휘하는 멋진 모습으로 자기 계발을 훌륭히 해 나갈 것이다.

# 한국의 아키타, 기적의 분포초!

(교과부 지정 자기주도학습 최우수학교)

# 배움에도 순서가 있다

## 공부보다 '꿈'이 우선이다

공부의 성패는 꿈이 좌우한다. 공부를 잘하기 위해서는 스스로 간절히 원하는 꿈을 먼저 찾아야 한다. 꿈이 있으면 공부를 잘하고, 꿈이 없으면 공부를 못한다. 공부란 '어떤 목적을 가지고 학문이나 기술을 배우거나 닦는 것'을 말한다. 결국 공부는 '목적'이 있어야 한다. 목적이 불분명하면 제대로 공부할 수 없고, 집중하기도 어렵다. 분포초는 아이를 변화시키는 꿈의 놀라운 힘을 빌렸다. 자기주도학습 프로그램을 시작하면서 맨 먼저 한 것은 다름 아닌 '꿈 찾기'였다.

스스로 공부하는 아이로 키우고 싶은가? 그 방법은 간단하다. 공부하라는 말보다 꿈을 좇아가게 하면 된다. 뇌 전문가는 이렇게 말했다. "뇌가 반할 만한 꿈을 가질 때 사람은 변화한다. 목표가 있는 사람을 보면 얼굴에 생기가 돌고, 에너지가 넘친다. 무언가를 이루어내야겠다는 의지와 열정이 뿜어져 나오기 때문이다."

꿈에는 아이를 변화시키는 놀라운 힘이 있다.

## 공부보다 '동기'가 우선이다

학습은 동기가 유발된 사람에게서만 일어난다. 학습 동기를 유발하려면 먼저 '공부를 왜 해야 하는지'에 대한 분명한 이유를 찾아야 한다. 분포초는 아이들에게 자기주도학습의 중요성을 일깨워주었다. 아이들은 공부를 해야 하는 이유를 깨닫게 되면서 순풍에 돛을 단 배처럼 누가 시키지 않아도 스스로 공부에 빠져들었다. 초등학생의 경우 외적 보상을 통해 내적 동기를 유지시켜주는 전략이 필요하다.

교육학자 마르자노(Marzano)는 "보상이 반드시 내적 동기 유발에 부정적 영향을 끼치는 것은 아니다. 특정 목표나 기준을 달성하면 그 대가로 보상을 해주는 것이 가장 효과적이다"라고 말했다. 분포초 자기주도학습 협약식과 보상식이 아이들의 학습 동기에 불을 붙었다. 현명한 부모들은 약속한 보상을 주는 것뿐만 아니라 부모가 자랑스러워한다는 것을 알게 해주고, 스스로 할 수 있다는 자신감을 심어준다.

## 공부보다 '습관'이 우선이다

하루 세 끼 밥을 먹어야 살 듯 공부도 하루라도 하지 않으면 견디지 못하도록 습관을 만들어주어야 한다. 습관은 일단 만들어 놓으면 물이 흘러가듯 그 다음부터는 쉽다. 스스로 공부하는 아이로 변화시킨 분포초의 비밀은 스스로 공부하는 '습관'에 있었다. 가장 좋은 공부 습관은 '매일 일정한 시간에, 일정한 장소에서, 정해진 양을 규칙적으로' 하는 것이다. 매일 같은 시간에 공부하는 습관을 들이면 생활 리듬이 형성되어 이해력과 집중력이 높아진다. 21일간 정해진 시간에 목표대로 공부하면 그 뒤로는 몸이나 마음의 거부 반응이 사라진다. 어떤 때는 내 몸이 먼저 따른다는 생각이 들 정도로 철저히 공부하게 된다. 집중이 잘되는 일정한 장소에서 공부한다면 집중력도 향상되고, 학습 효율도 그만큼 높아진다. 모든 습관은 반복과 연습을 통해 학습된다. 21일간 지속하면 틀림없이 습관이 만들어진다.

## 교과서 공부에도 순서가 있다

다음의 세 가지 중요한 물음 속에 스스로 공부 잘하는 아이로 키우는 답이 들어 있다. '첫째는, 교과서로 공부하는가? 둘째는, 교과서로 공부하는 순서와 방법을 알고 있는가? 셋째는, 매일 교과서로 예습·복습하기를 실천하고 하는가?' '그렇다'하고 대답한다면, 무조건 공부를 잘하는 아이다. 안타깝게도 대다수의 아이들은 교과서로 공부하지 않는다. 그 이유는 교과서로 공부하는 순서와 방법을 배운 적이 없기 때문이다. 교과서로 공부하는 것의 중요성을 모르는 부모가 있을까? 하지만 교과서로 공부하는 순서를 아는 부모는 얼마나 있을까? 자기주도학습 가이던스쿨에서 아이들이 배우는 '교과서로 스스로 공부하기'는 너무도 쉽고 간단하다. 3단계만 습관화하면 누구나 스스로 공부할 수 있는 아이로 변화할 수 있다.

## 교과서로 스스로 공부하기

**1단계**   교과서 공부 시작 전에 할 일

"한 번에 공부할 범위를 정하라."

**2단계**   교과서 공부 스스로 하기

"공부할 순서를 정하고 순서에 따라 학습하라."

**3단계**   교과서 공부 스스로 평가하기

"얼마나 알았는지 스스로 평가하라."

이 책은 최초로 교과서로 공부하는 순서와 방법을 알려준다. 이렇게 하면 스스로 공부하는 아이가 될 것이라는 이론서가 아니라 이렇게 공부해서 스스로 기적이 된 아이들, 스스로 기적을 쓴 학교의 성공 사례 보고서이다. 이 책에서 제안하는 '교과서로 공부하기'를 매일 실천해 나간다면 누구나 스스로 공부하는 아이로 변화할 수 있다.

## 큰 원을 그릴 줄 아는 아이로 키워라

큰 원을 그릴 줄 아는 아이는 그 안에 수 없이 많은 점을 찍을 수 있다. 자기주도학습은 공부의 큰 원이다. 그 안에서 공부의 모든 것을 해결할 수 있다. 큰 원을 그릴 줄 아는 아이, 물고기 잡는 법을 아는 아이로 키우는 현명한 부모와 교사가 되길 바란다.

지은이 정철희